I0113540

ORDONNANCE

PROVISOIRE

SUR

L'EXERCICE ET LES MANŒUVRES

DE LA CAVALERIE,

RÉDIGÉE

PAR ORDRE DU MINISTRE DE LA GUERRE.

DU 1er. VENDÉMIAIRE AN XIII.

SECONDE ÉDITION.

SUIVIE *de l'Instruction du* 24 *septembre* 1811 , *sur l'Exercice et les Manœuvres de la Lance.*

PLANCHES.

À PARIS.

CHEZ MAGIMEL , LIBRAIRE POUR L'ART MILITAIRE ;
RUE DE THIONVILLE , N°. 9.

1813.

48445

PLANCHES

Relatives à l'ORDONNANCE PROVISOIRE sur l'exercice et les manœuvres de la cavalerie.

Bases de l'instruction.

Equipement. CAVALERIE ET DRAGONS.

Ecole du cavalier à pied.

PREMIÈRE LEÇON.

SECONDE LEÇON.

L*

QUATRIÉME LEÇON.

CINQUIÈME LEÇON.

SIXIÈME LEÇON.

Ecole de l'escadron à cheval.

ARTICLE II. *Des allures.*

ART. III. *Des alignemens.*

ART. IV. *De la marche directe.*

ART. V. *De la marche circulaire.*

FIN DE LA TABLE DES PLANCHES.

Cavalerie et Dragons

Pl. 1.ʳᵉ

Arçon vu par dessus

Fig. A

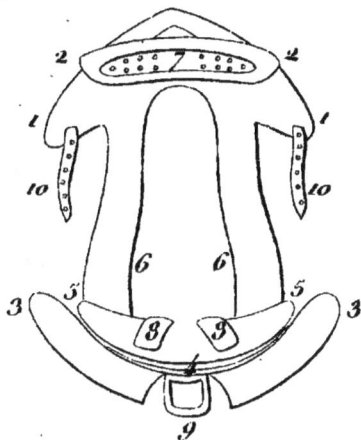

Arçon vu par dessous

Fig. B.

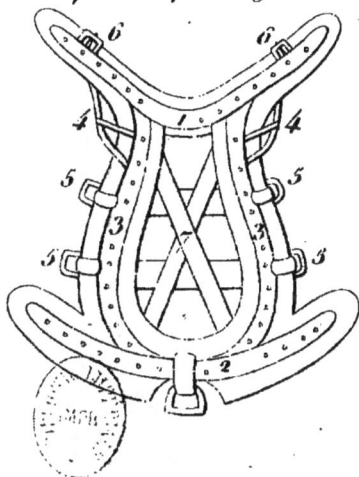

Pl. 2.

Selle vue de Profil.

Fig. C

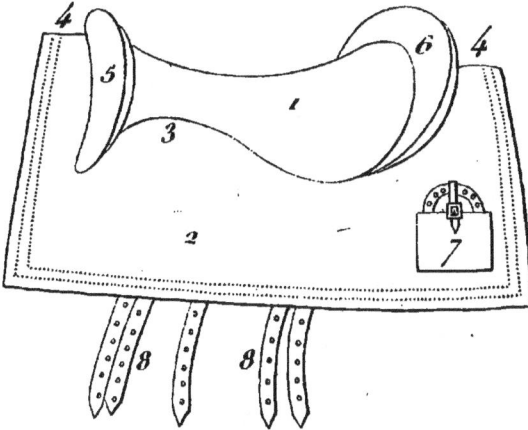

Fig. D   *Selle Renversée.*

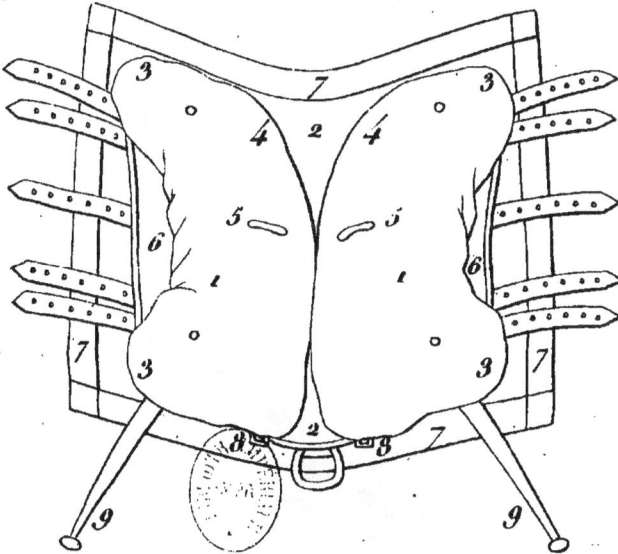

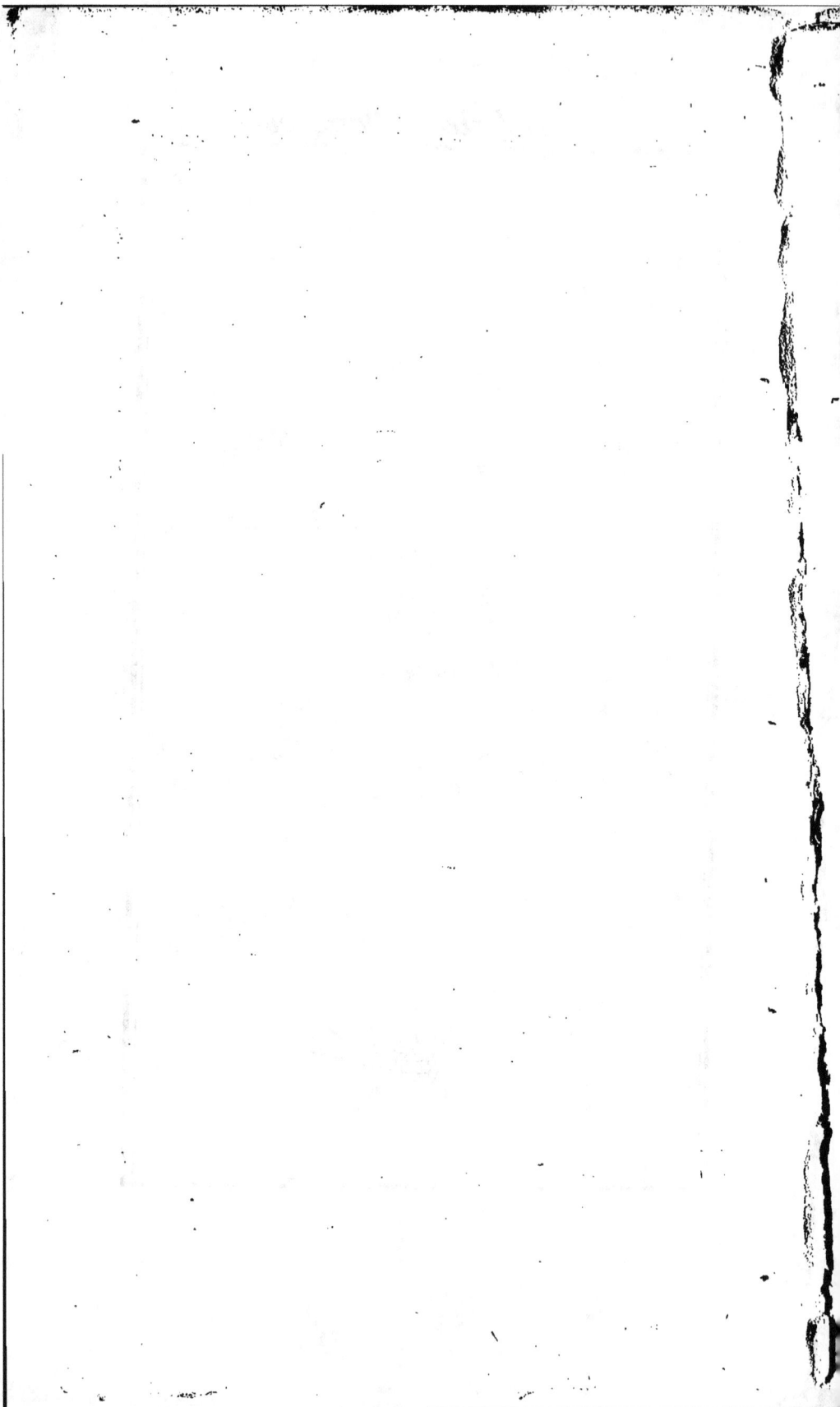

Pl. 3

Fig. G.

Fig. F.

Fig. H.

Fig. E.

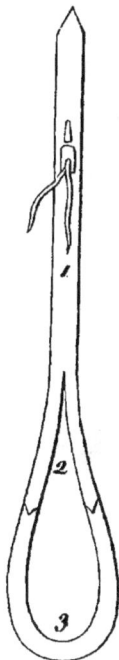
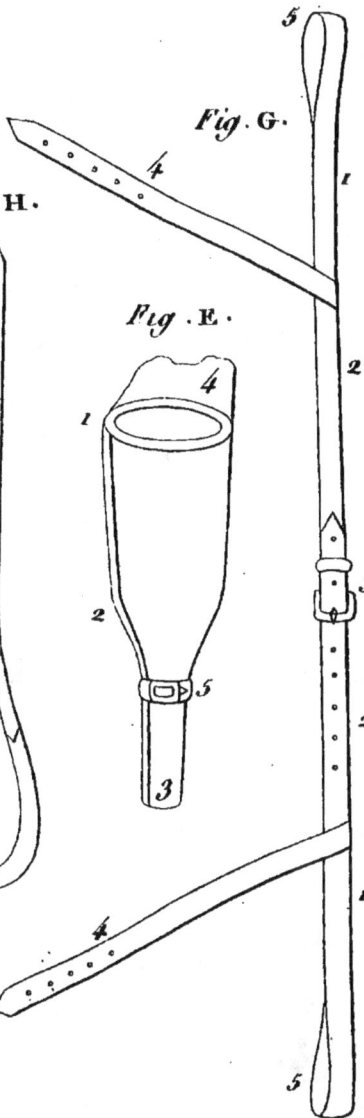
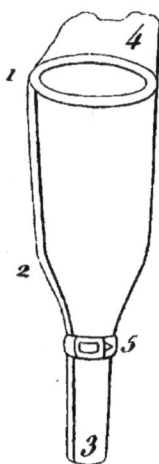

Pl. 4.

Fig. I.

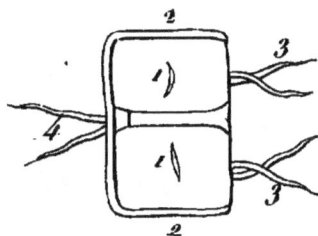

Fig. L.

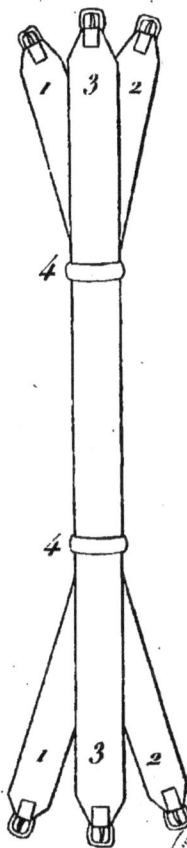

Fig. K.

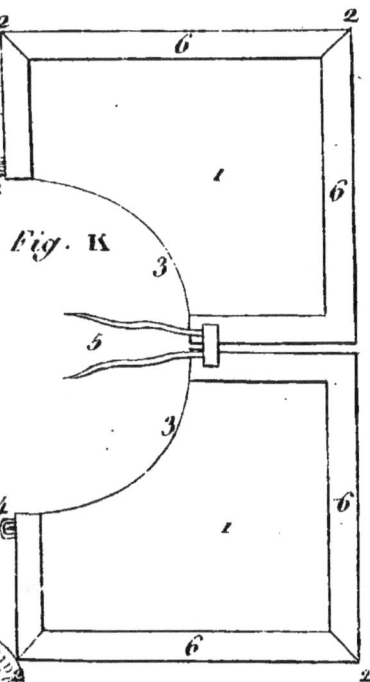

Fig . M . la Bride .

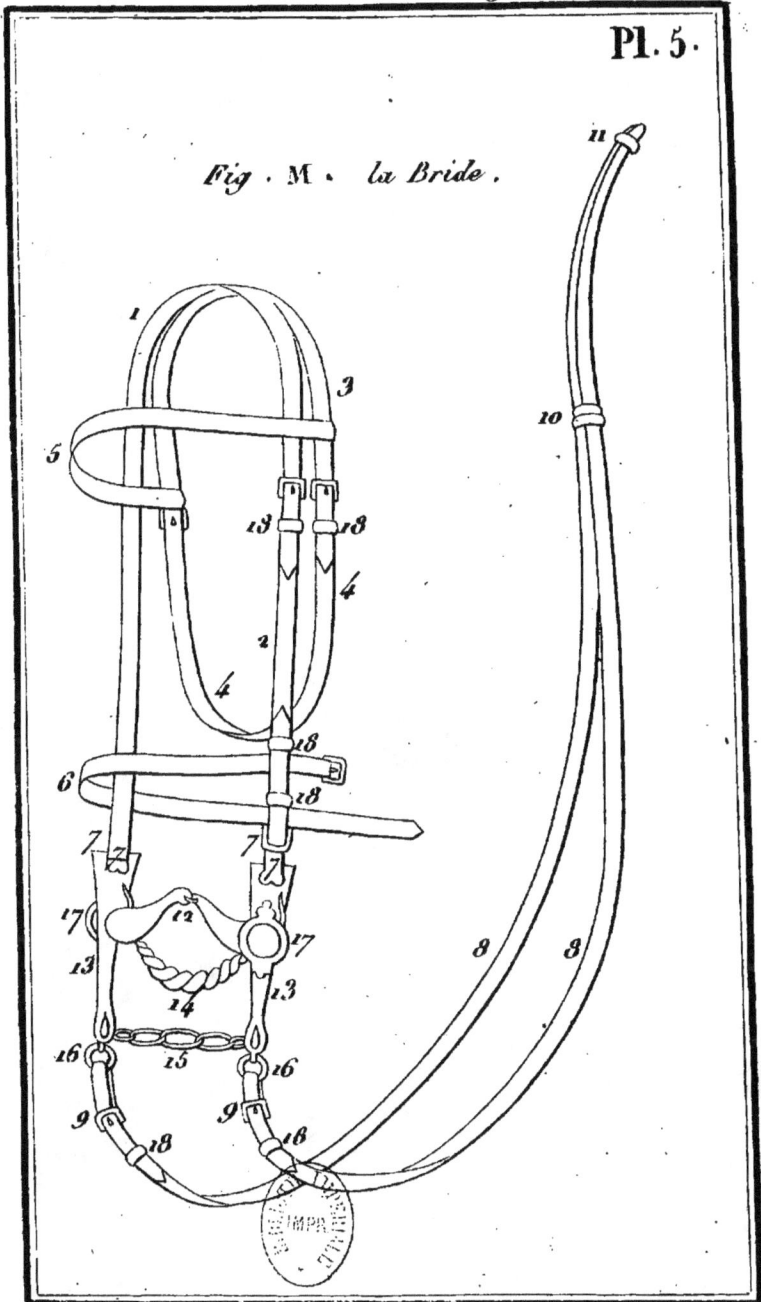

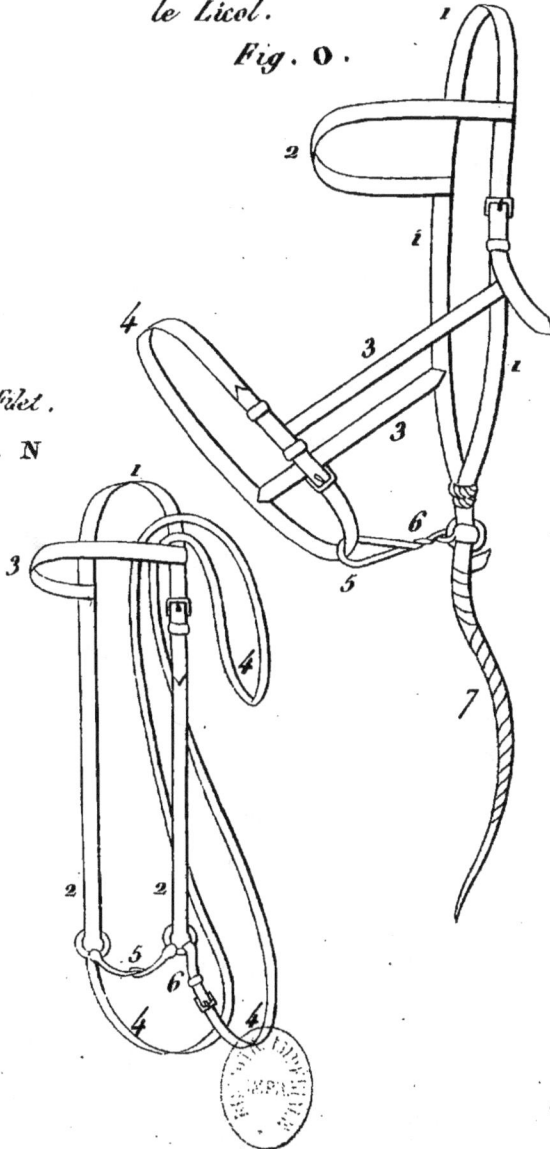

Cavalerie et Dragons.

Pl. 6.

le Licol.

Fig. O.

le Filet.

Fig. N

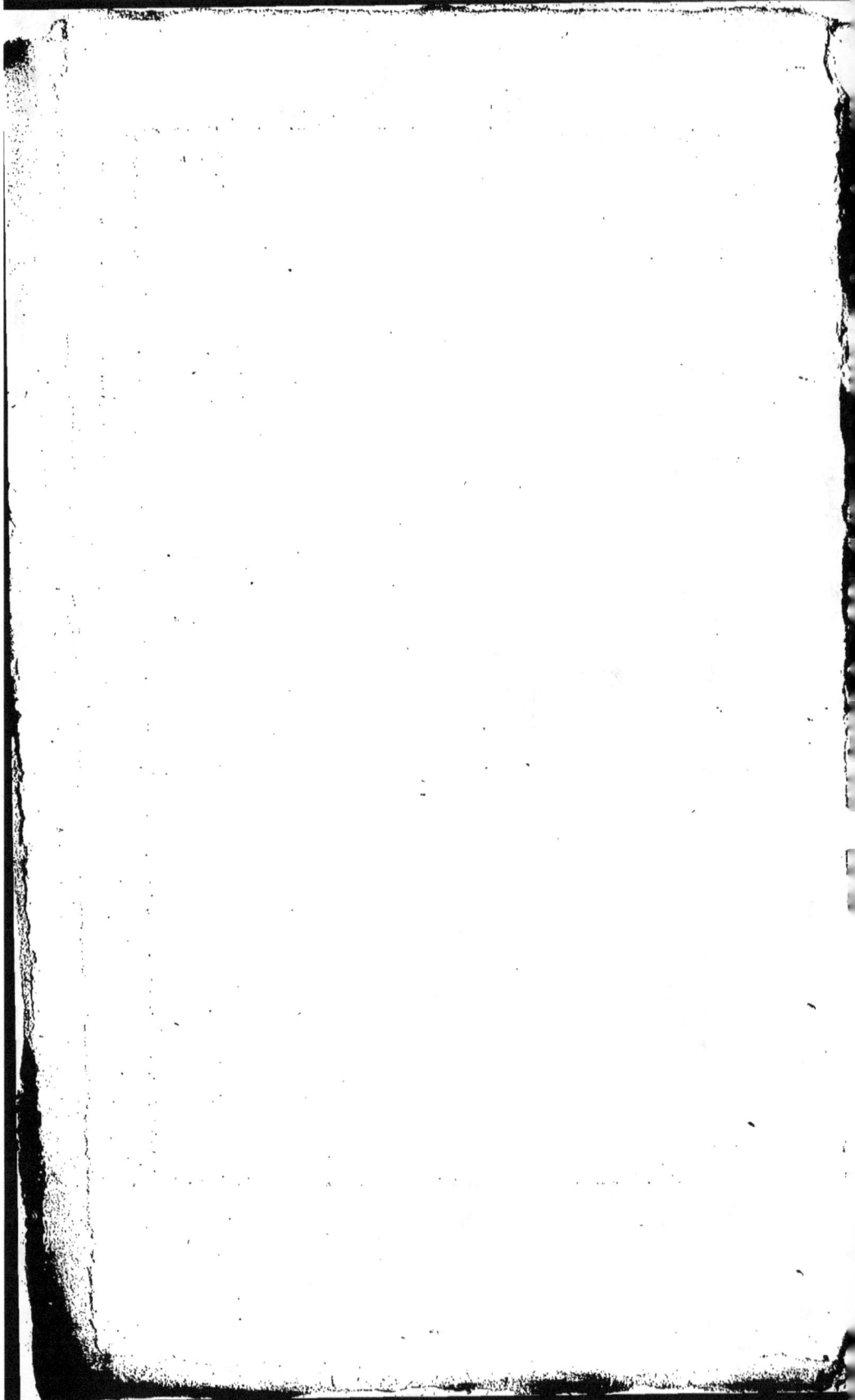

Cavalerie et Dragons.

Pl. 7.

le Bridon d'Abreuvoir.

Fig. P.

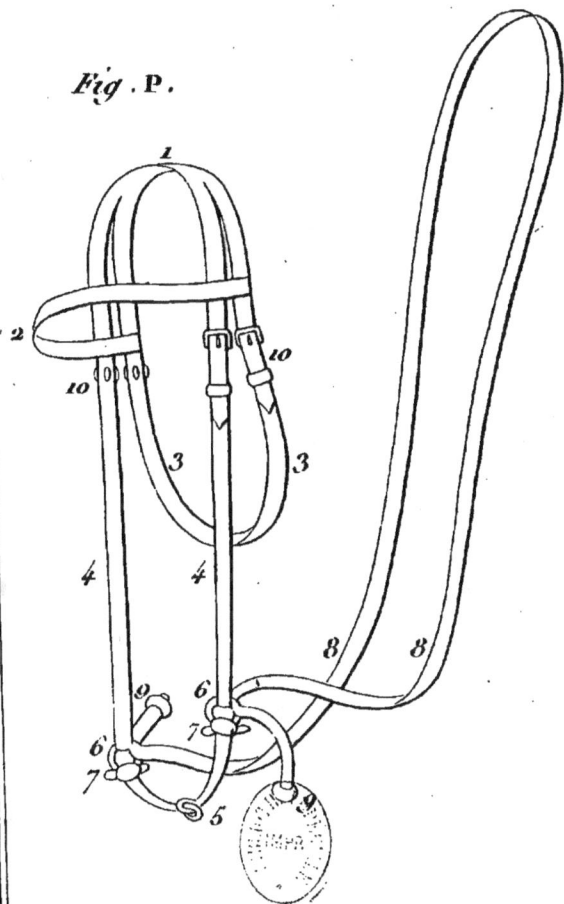

Pl. 8.

Fig. A.

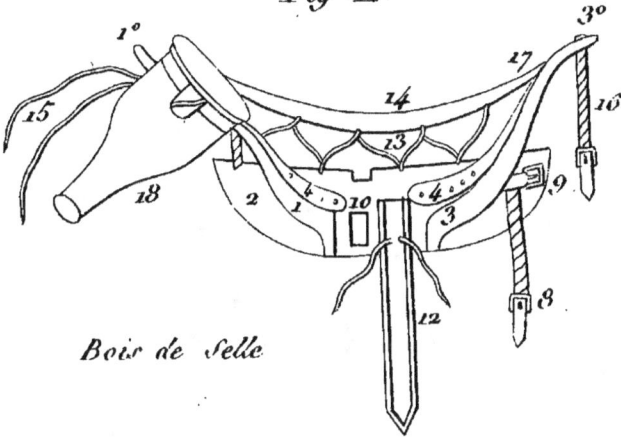

Bois de Selle

Fig. A.

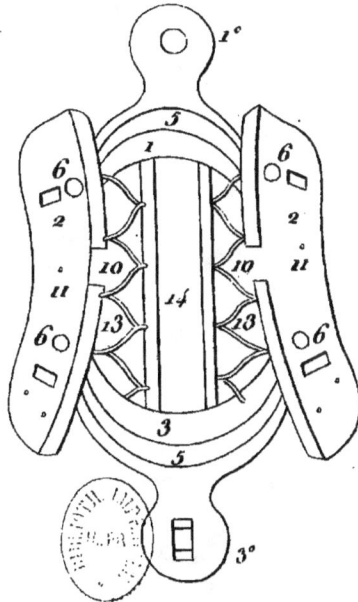

Troupes Légeres.

Pl 9

Fig. C
la Croupiere.

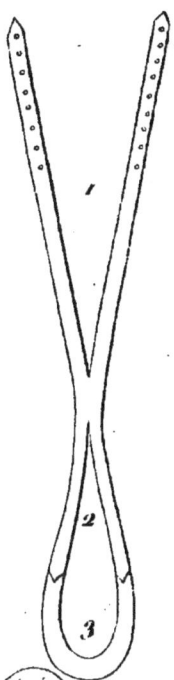

Fig B
l'Etriviere
et l'Etrier.

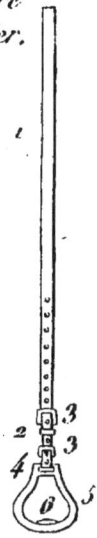

Fig. A.
la Sangle.

Pl.10

Fig. D
le Surfaix.

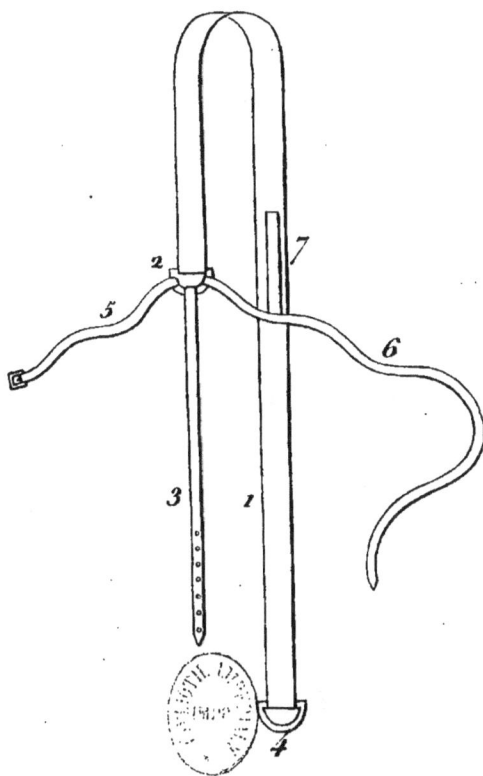

Pl. 11.

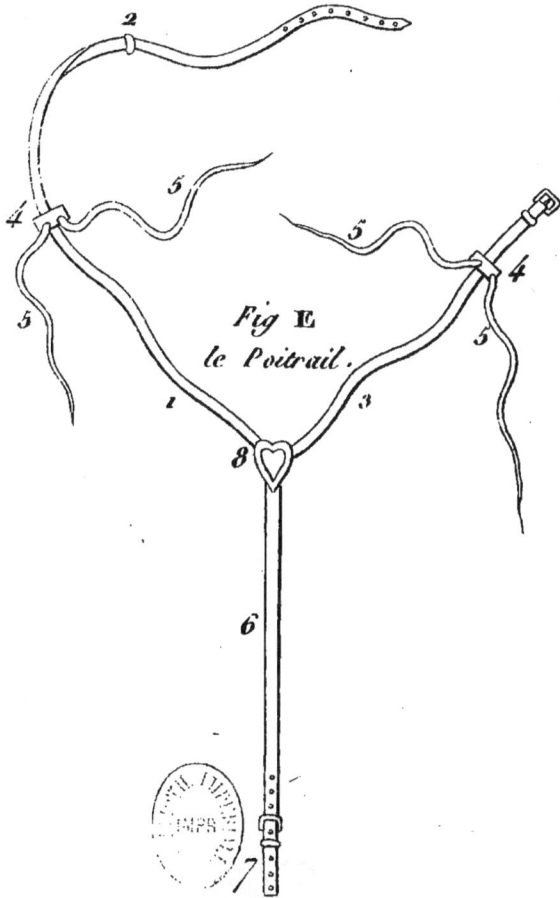

Fig II.
le Poitrail.

Pl. 12

Fig. F
la Bride.

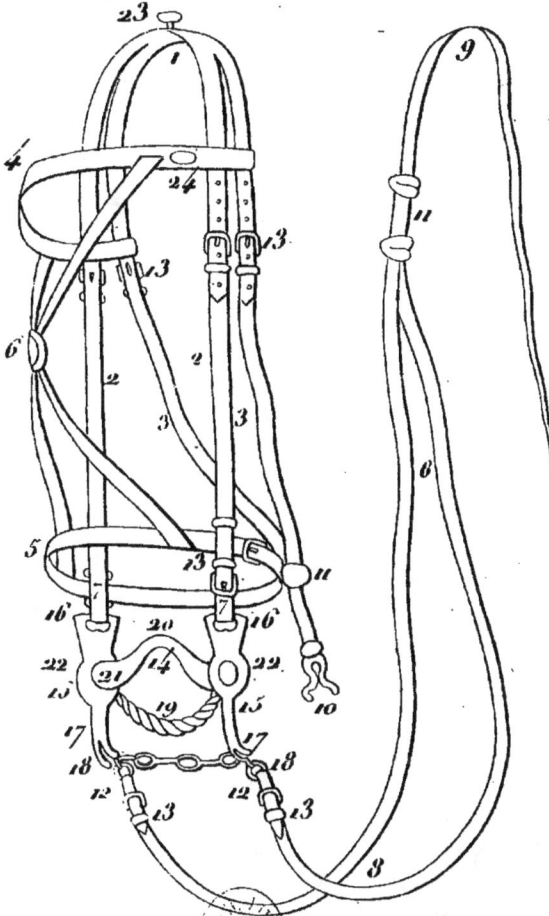

Fig. 6
Le Filet

Fig. H
Le Licol

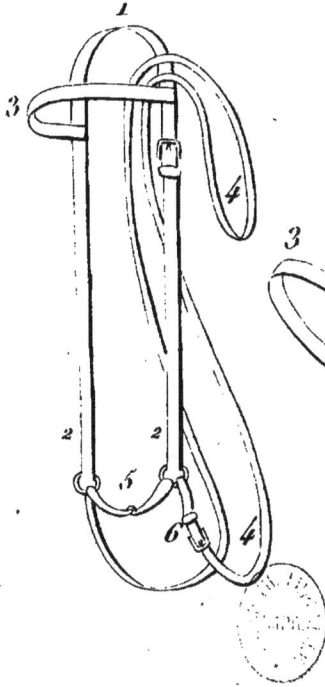

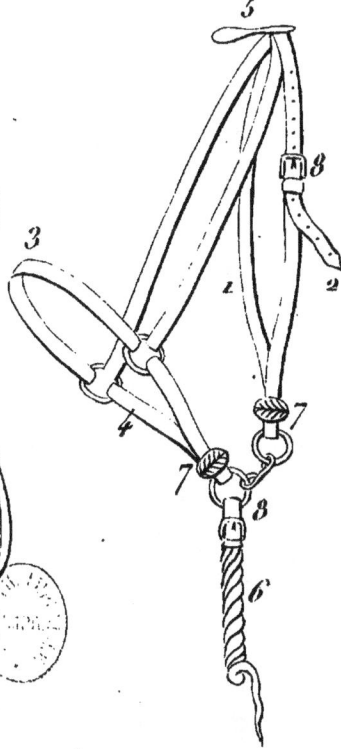

Pl. 14.

Fig. I.

Le Bridon d'Abreuvoir

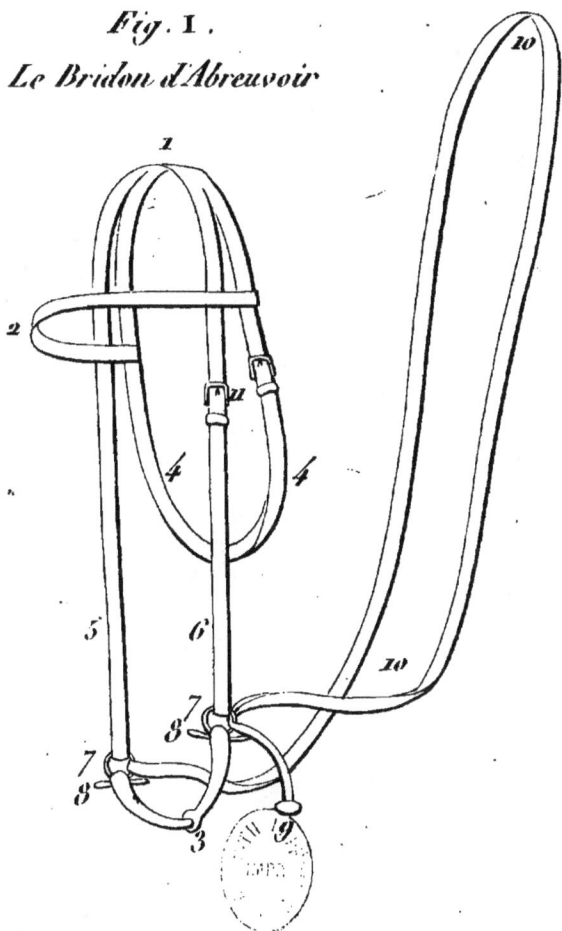

Pl. 13

Fig. 2.
La Gourmette

Fig. 1.
Le Mors

Fig. 3.
Autre
Gourmette

Fig. D

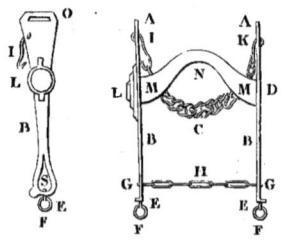

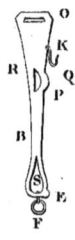

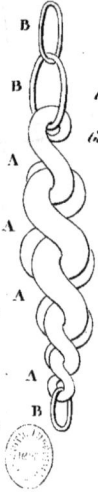

Pl. 16.

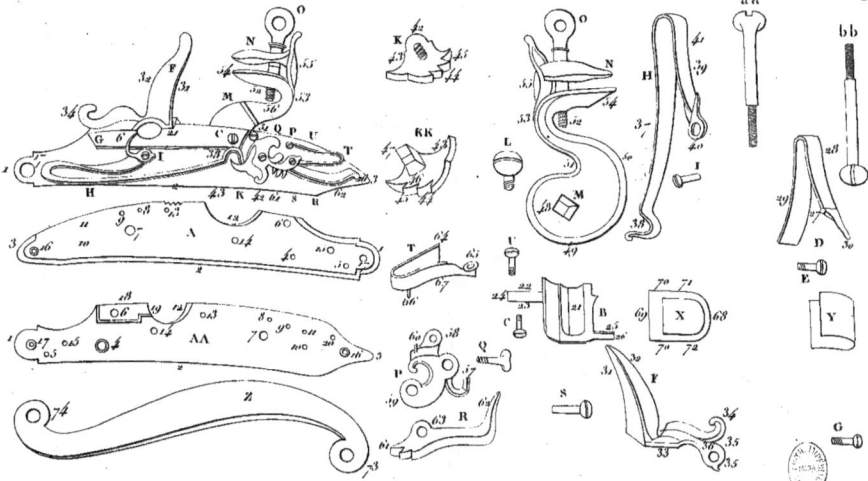

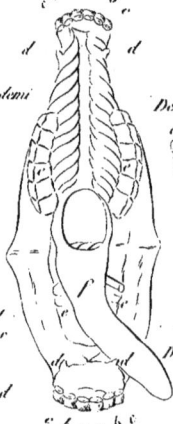

Pl. 17.

à Deux ans et demi
ou trois ans

Fig. 1.er

Dents de lait.

Fig. 2.

Machoire Royal

Fig. 5.

à Trois ans et demi
ou quatre ans

De cinq à six ans

Fig. 3.

Fig. 6.

à Quatre ans et
Demi ou Cinq ans

De sept à huit ans

Fig. 4.

Fig. 7.

a. Les Pinces
b. Les Mitoyennes
c. Les Coins
d. Les Crochets
e. Les Machelieres
f. La Langue

Formation de la Troupe d'Escorte des Etendarts.

Echelle de 48 Mètres ou 48 Pas.

3 6   12   24   36   48 Mètres.
3 6 9 Pieds.

Régiment de Quatre Escadrons en ordre de Bataille.

Pl. 20

Ordre de Colonne par Quatre.

Escadron de Dragons

Esc.^{on} de Carab.^{ers} ou Cuirassiers.

Peloton de Dragons.

Échelle

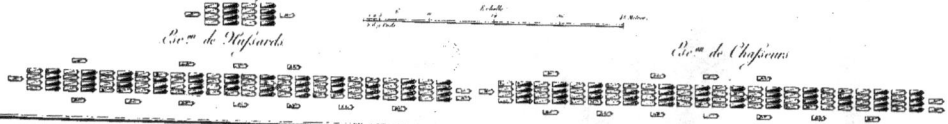

Esc.^{on} de Hussards.

Esc.^{on} de Chasseurs.

0 1 2 3 4 5 6 7 8 9 10

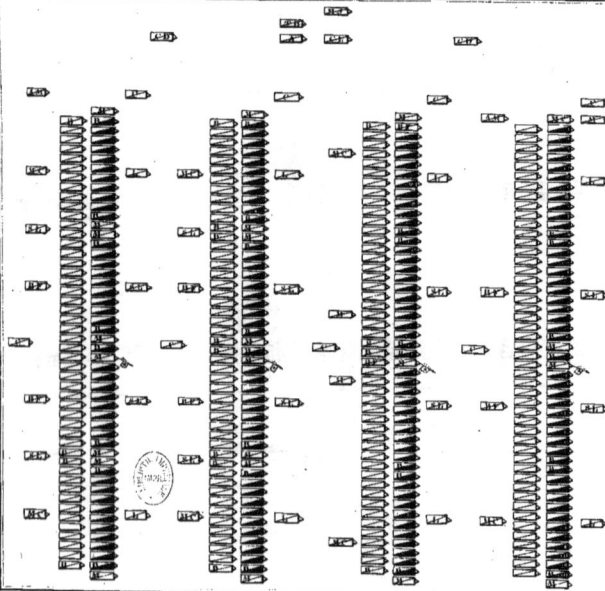

Pl. 23.

Régiment
de quatre Escadrons en Ordre
de Colonne Serrée.

N.º *La dimention de la Planche n'a pas*
permis de représenter les pelotons de
flanqueurs, qui dans les régiments de
Dragons, doivent être à la hauteur
des escadrons aux quels ils appar-
tiennent, et à 12 pas du flanc.

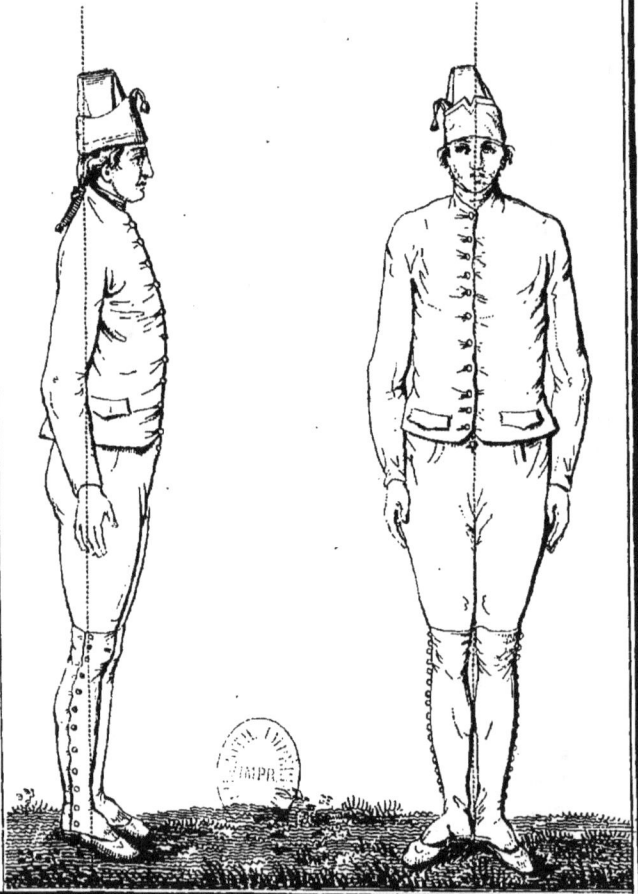

Pl. 24

La Position du Cavalier à Pied.

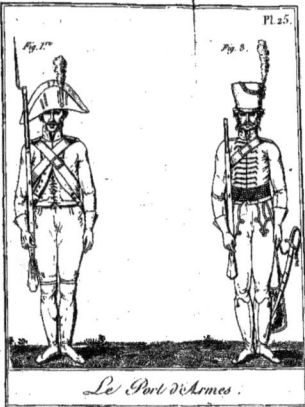

Pl. 25.

Fig. 1re.   Fig. 8.

Le Port d'Armes.

Pl. 26.

Fig. 1re.   Fig. 2.   Fig. 3.

Les Tems de la Charge.

Pl. 27.

Fig. 1re.   Fig. 2.   Fig. 3.

Le Maniement des Armes.

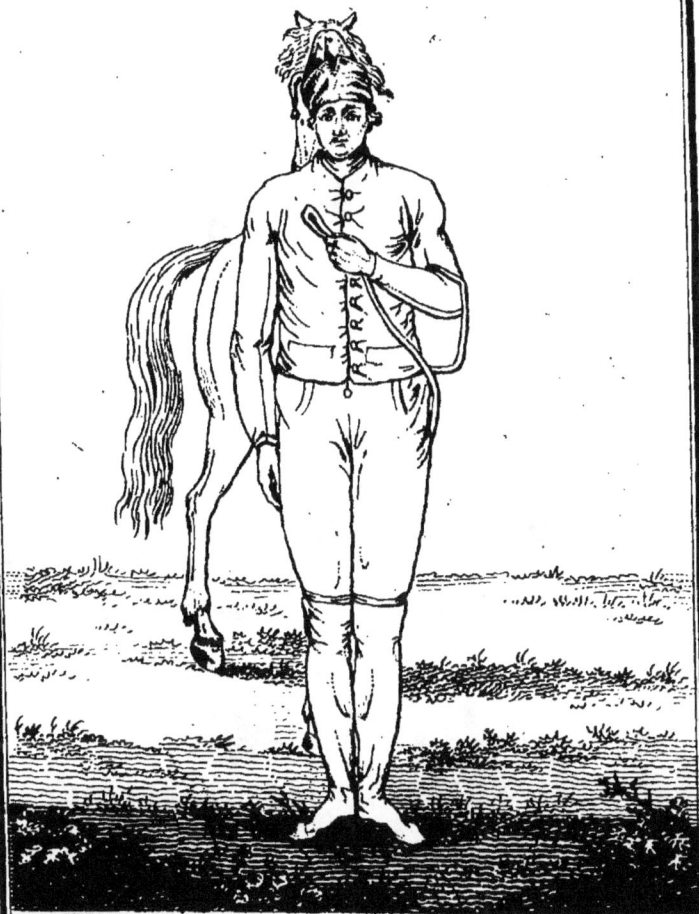

Pl. 28.

Position du Cavalier avant de monter à Cheval.

Pl. 29.

Partie
Immobile

Partie
Mobile

Position du Cavalier à Cheval en Couverte

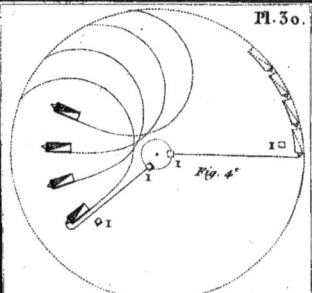

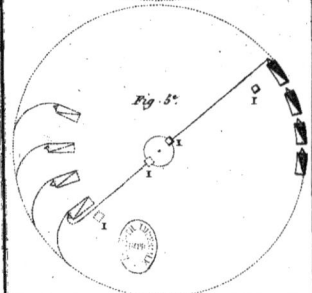

Pl. 30.

EXPLICATION DES SIGNES.

I☐ Instructeur à pied dans la position préparatoire.
I☐ Instructeur à pied dans la position définitive.
○ Cavalier à pied devant son Cheval.

Instructeur à Cheval dans la position préparatoire.

Instructeur à Cheval dans la position définitive.

Cavalier du 1ᵉʳ rang dans la position préparatoire.

Idem du 2ᵉ rang.

Cavalier du 1ᵉʳ rang dans la position définitive.

Idem du 2ᵉ rang.

Fig. 1ʳᵉ. Cavaliers faisant un à droite, aux Commandem.ᵗˢ Par Cavalier à droite MARCHE.

Fig. 2ᵉ. Cavaliers faisant un demi tour à droite, aux Commandements Par Cavalier demi tour à droite, MARCHE.

Fig. 3ᵉ. Cavaliers marchant le long du mur du Manège, ayant chacun un Instructeur à côté d'eux

Fig. 4ᵉ. Cavaliers marchant à la longe à main droite, et ayant commencé un changement de main, au Commandement Tournez (A) DROITE

Fig. 5ᵉ. Cavaliers ayant fini le changement de main, aux Commandements Par Cavalier à Gauche MARCHE.

Fig. 2ᵉ.

Fig. 3ᵉ.

Fig. 1ʳᵉ.

Echelle.

Fig. 4ᵉ.

Fig. 5ᵉ.

Pl. 31.

8 *Cavaliers comptés par quatre se préparant à monter à cheval, au commandement* préparez vous pour monter A CHEVAL

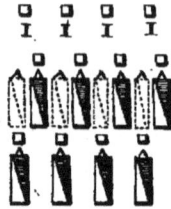

Fig. 1ᵉ

8 *Cavaliers ayant monté à cheval et reprenant leur rang, au commandement* Reprenez VOS RANGS.

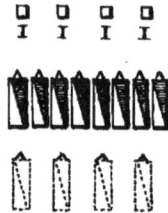

Fig. 2ᵉ

Pl. 32.

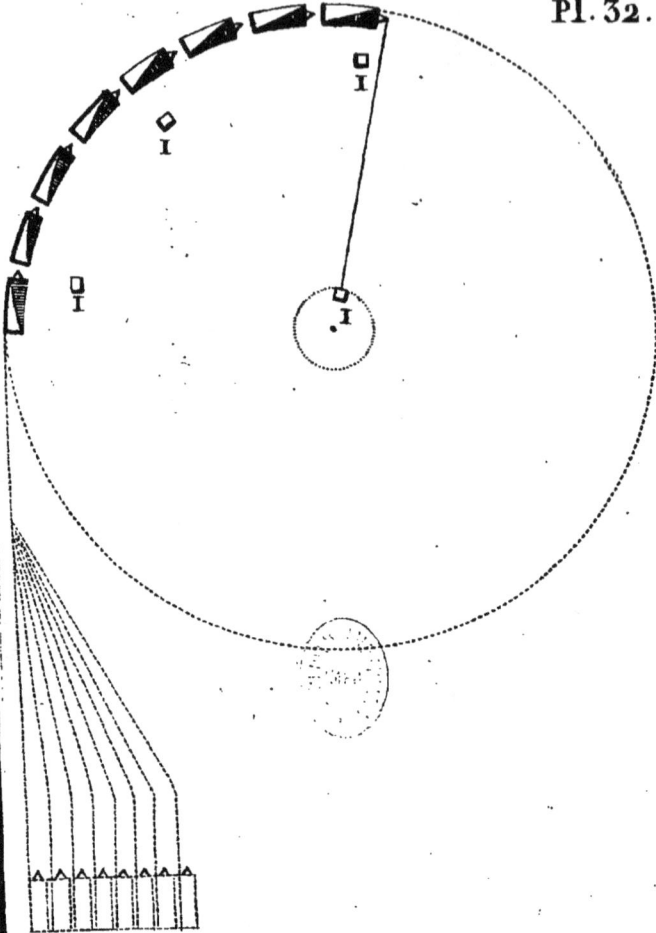

8 *Cavaliers ayant rompu par la gauche pour*
marcher à la longe à main droite, aux commandement
Par la Gauche par un **MARCHE**.

Pl. 33.

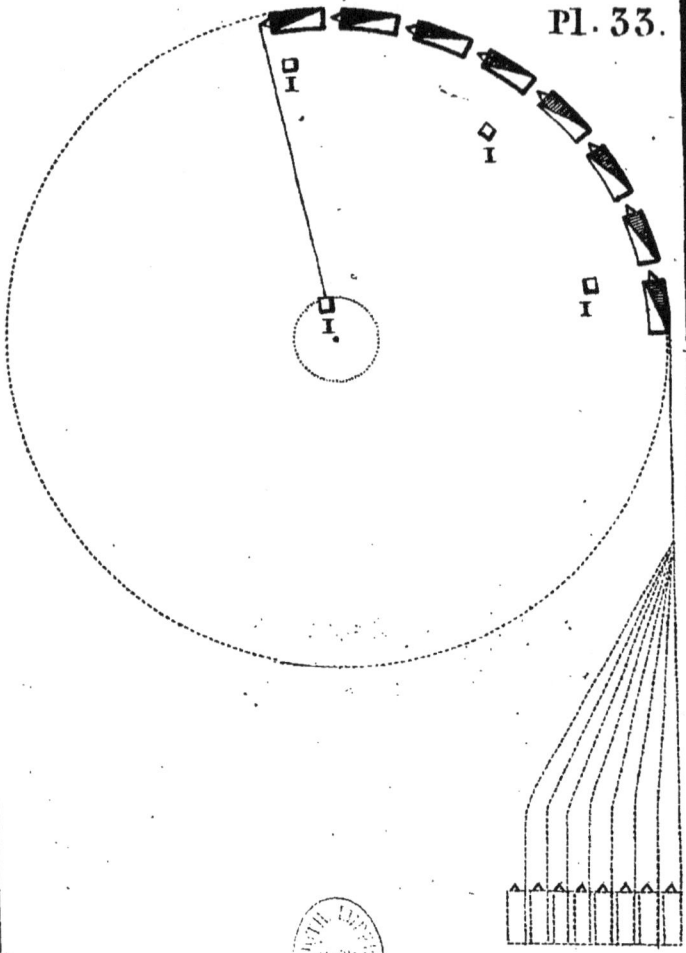

8 *Cavaliers ayant rompu par la droite pour marcher à la longe à main gauche, aux commandements* Par un **MARCHE**.

Pl. 34

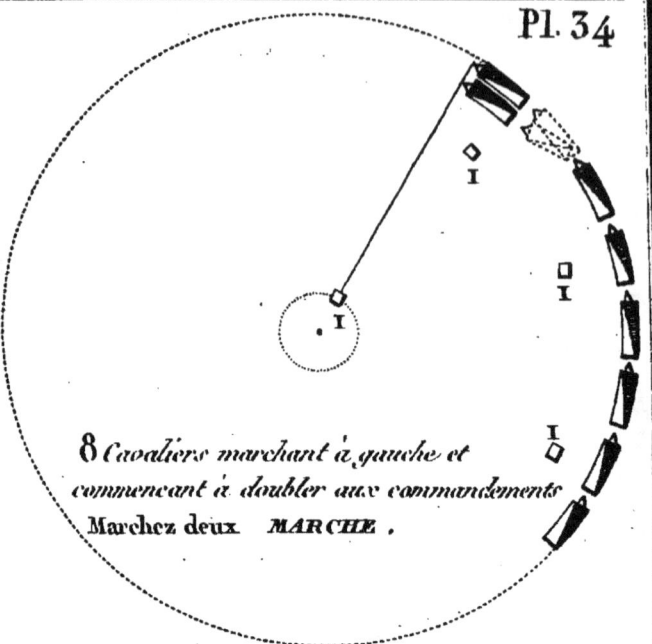

8 Cavaliers marchant à gauche et
commençant à doubler aux commandements
Marchez deux   MARCHE .

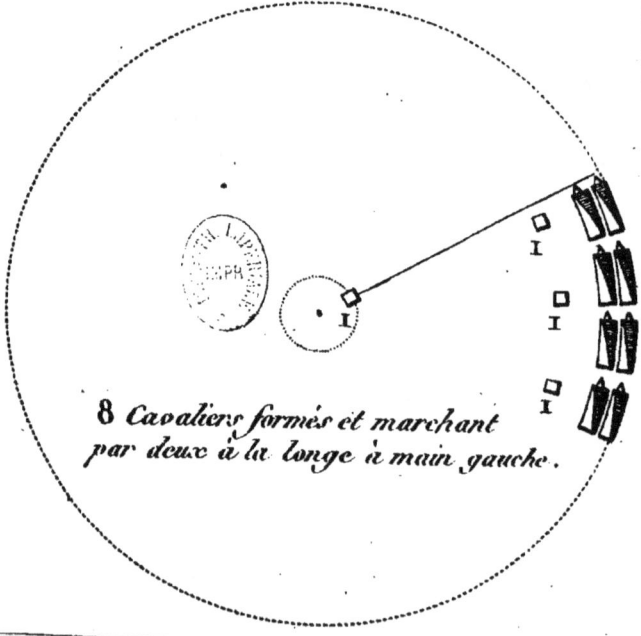

8 Cavaliers formés et marchant
par deux à la longe à main gauche.

Pl. 35

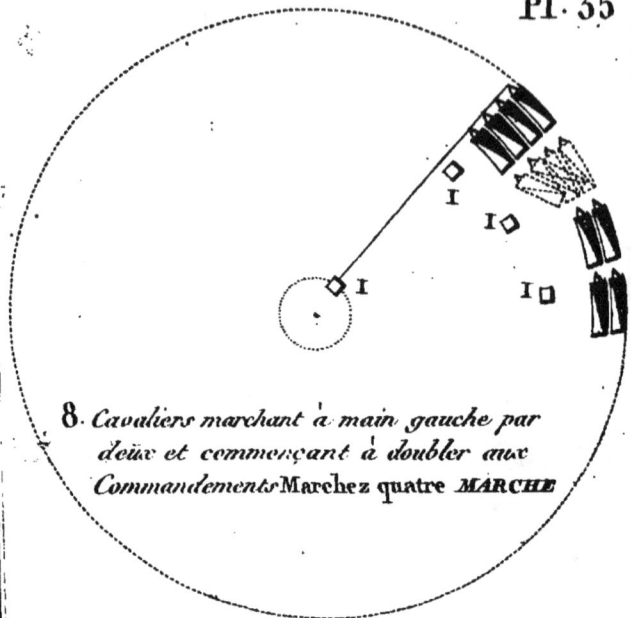

8. *Cavaliers marchant à main gauche par deux et commençant à doubler aux Commandements* Marchez quatre **MARCHE**

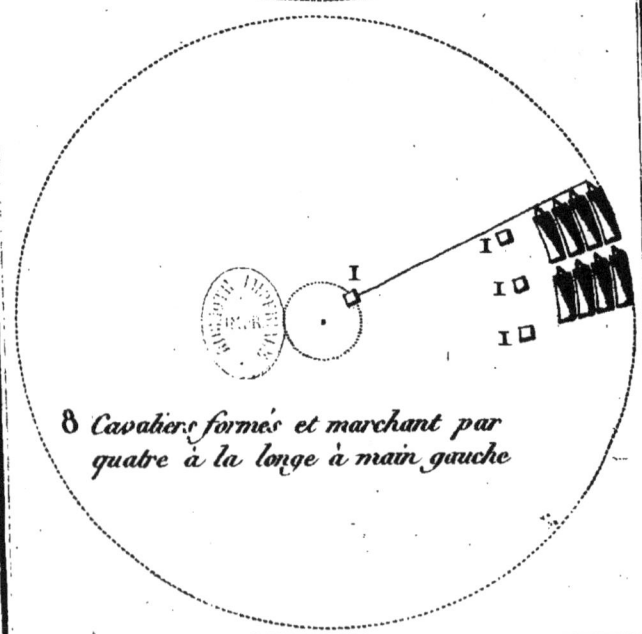

8 *Cavaliers formés et marchant par quatre à la longe à main gauche*

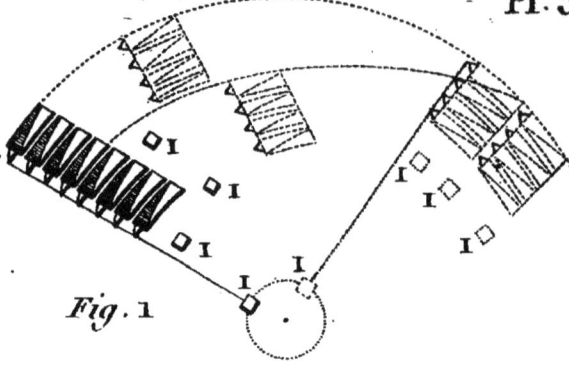

Pl. 36

Fig. 1

8 Cavaliers marchant à la longe à main gauche par quatre et se formant aux commandements formez le rang *MARCHE*.

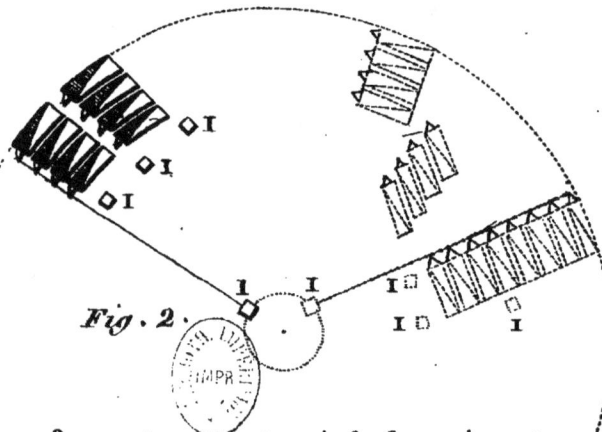

Fig. 2

8 Cavaliers marchant à la longe à main gauche sur un rang et dédoublant aux commandements par quatre *MARCHE*.

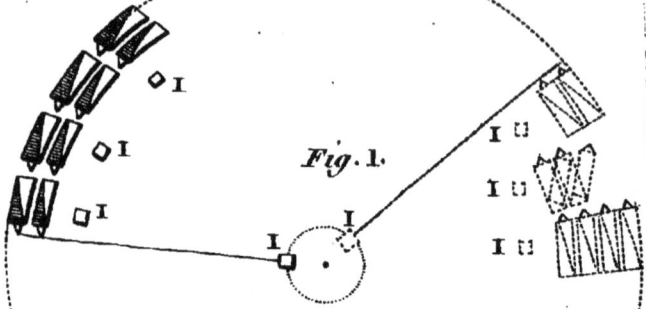

Pl. 37

Fig. 1.

8 Cavaliers marchant à la longe à main
gauche par quatre et dédoublant aux
commandement par deux MARCHE.

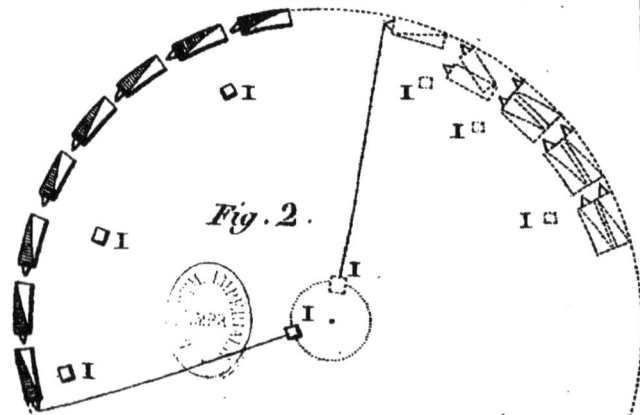

Fig. 2.

8 Cavaliers marchant à la longe à main
gauche par deux et dédoublant aux
commandements par un MARCHE.

Pl. 38

16 Cavaliers formés sur deux rangs se préparant
à monter à Cheval

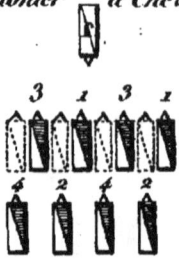

3   1   3   1

4   2   4   2

Fig 1

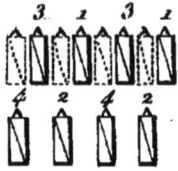

3   1   3   1

4   2   4   2

16 Cavaliers ayant repris leur rang et ayant serré
à ⅗ de mètre ou 2 pieds de distance du 1.er rang.

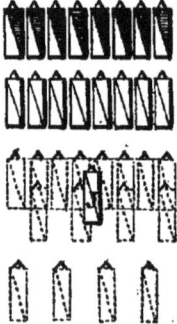

Fig. 2.

Pl 39

16 Cavaliers formés sur
deux rangs se rompant
par quatre.

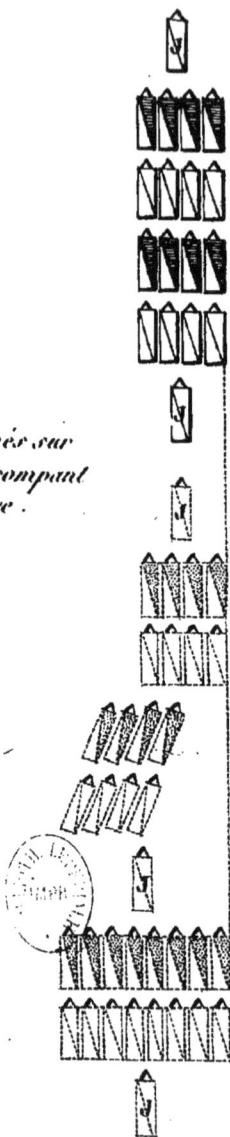

PI.40

16 Cavaliers arrivant dans le manège par quatre la
droite en tête se formant aux Commandement formez
le Peloton MARCHE, et se disposant à exécuter la
reprise, le premier rang faisant un demi tour a droite.

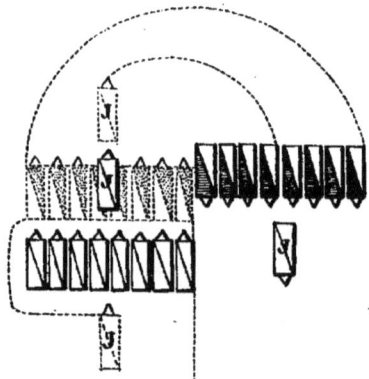

Fig. 1.

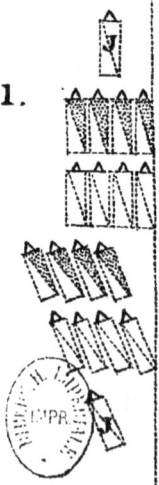

Pl. 41.

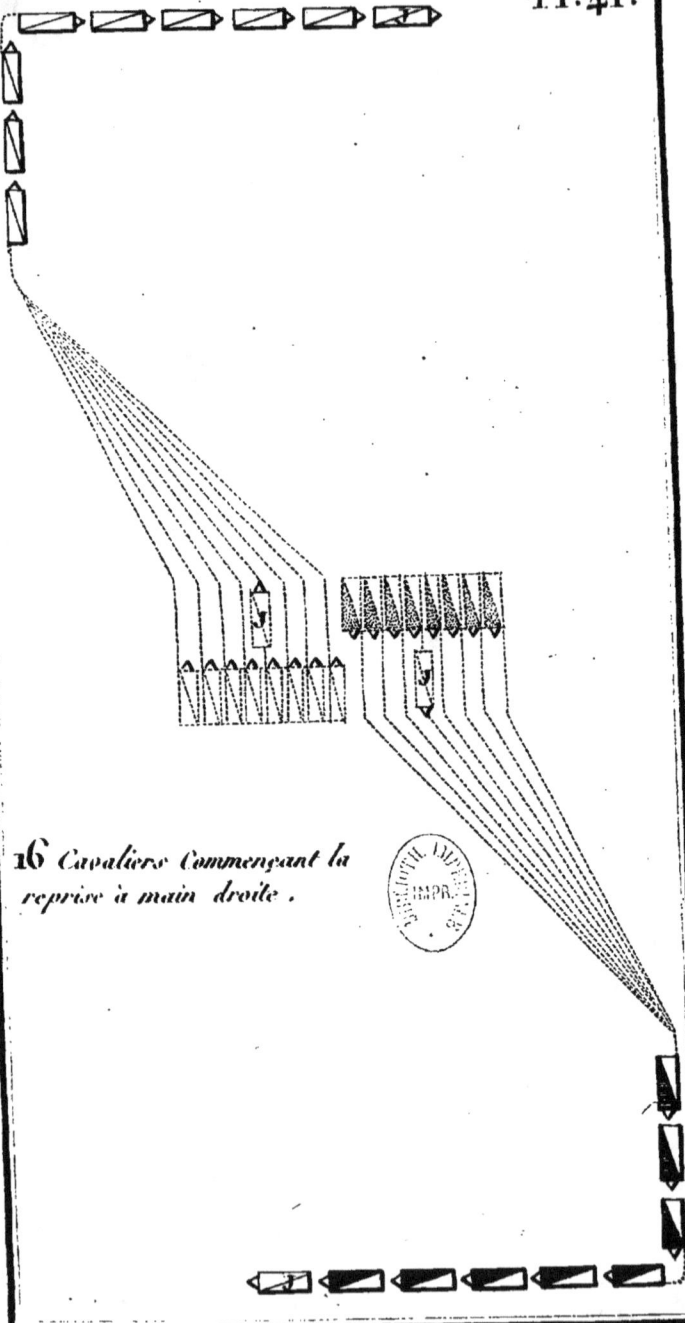

16 Cavaliers Commençant la reprise à main droite.

Pl. 42

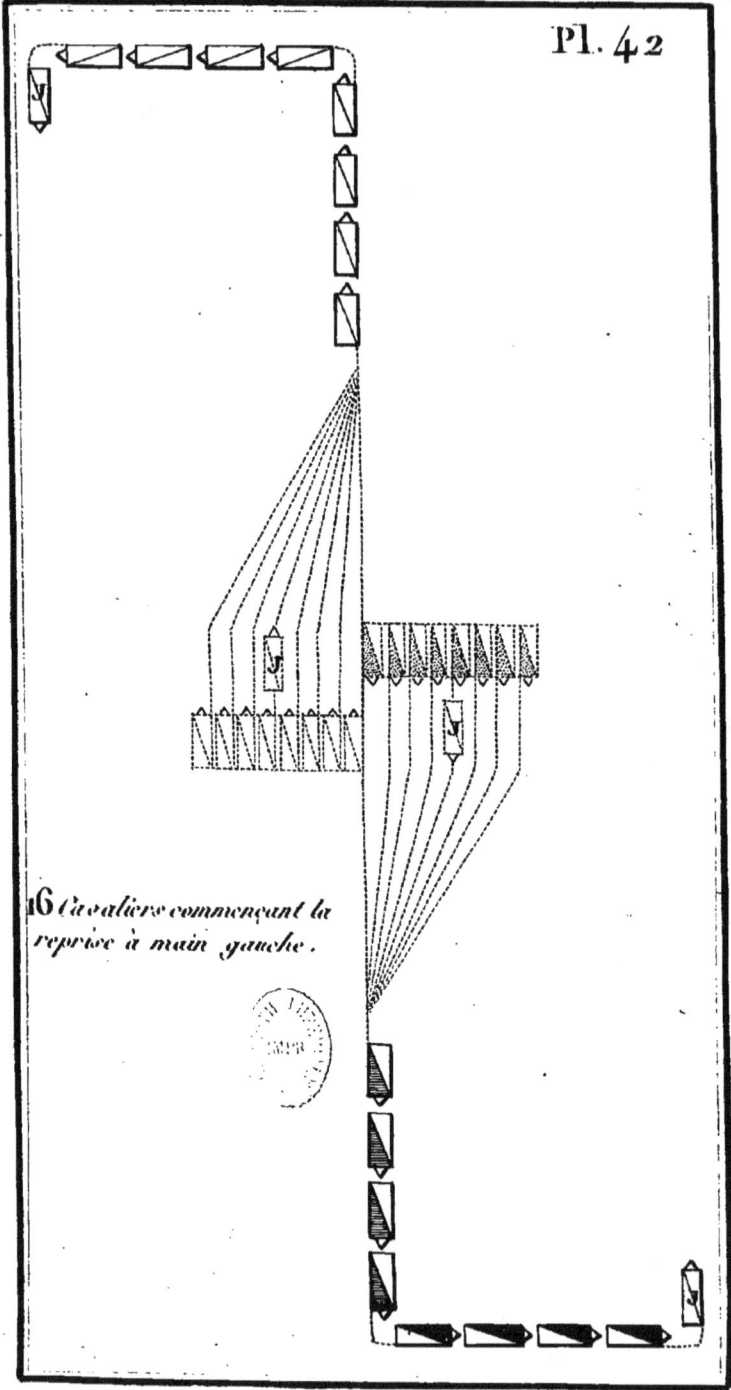

16 *Cavaliers commençant la reprise à main gauche.*

Pl. 43.

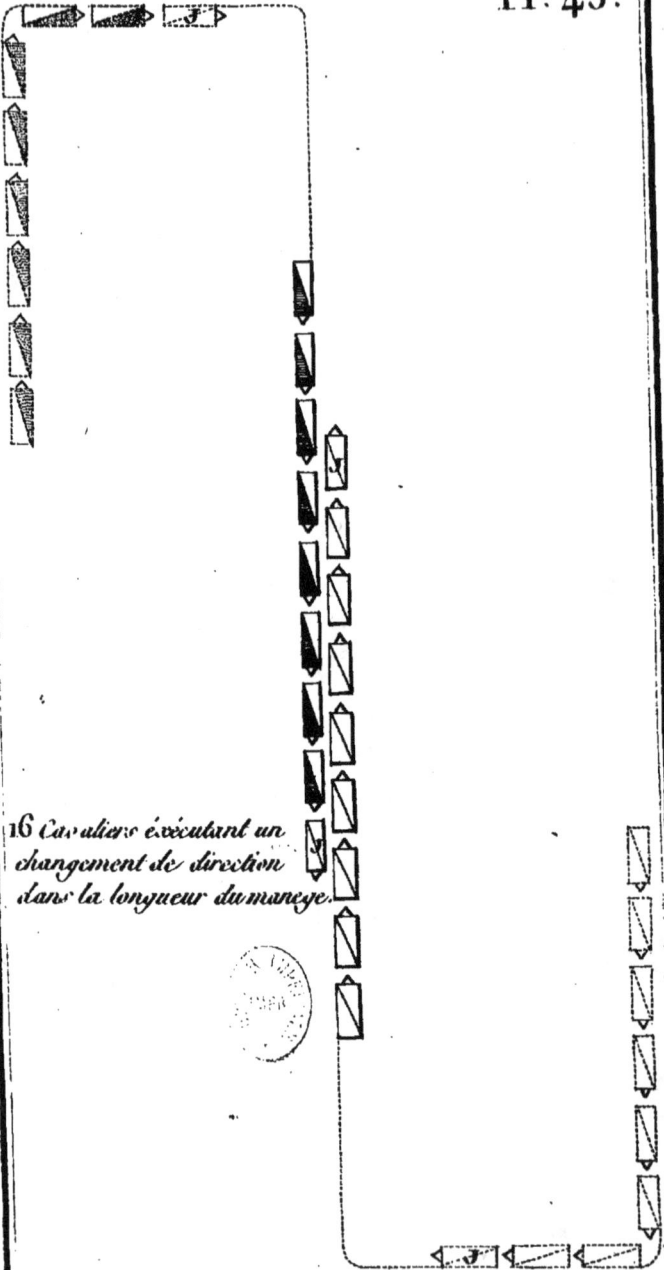

16 Cavaliers éxécutant un changement de direction dans la longueur du manège.

Pl 44.

16 *Cavaliers ayant exécuté un changement de direction oblique à droite*.

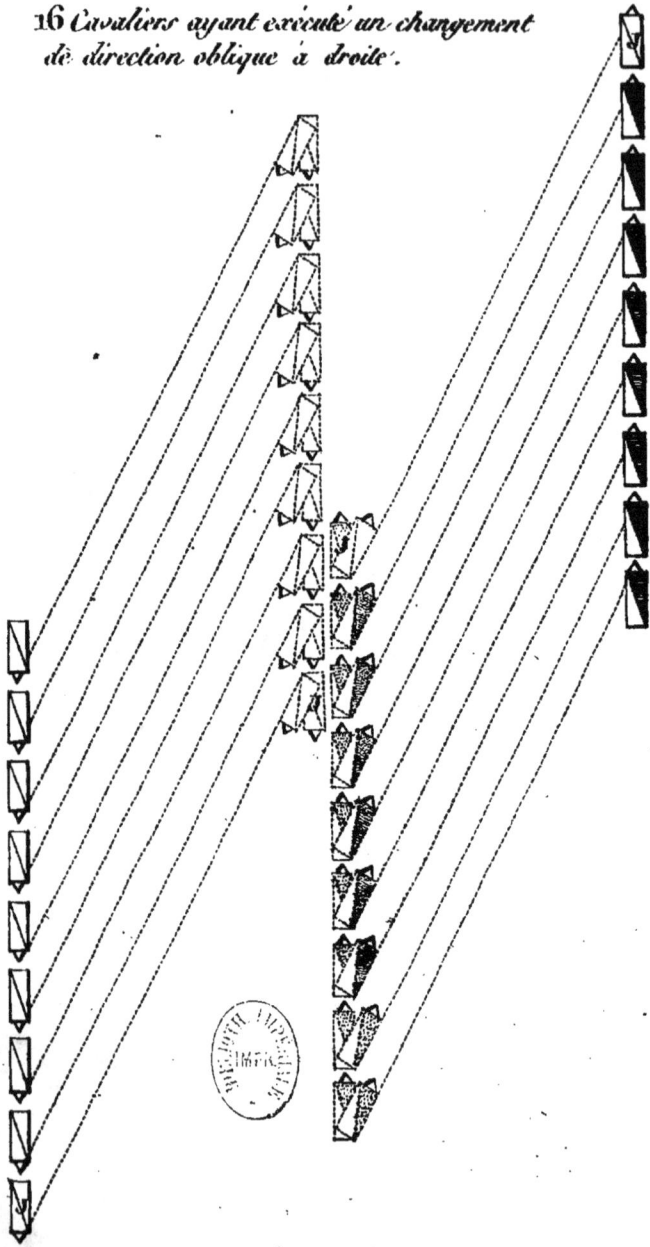

PI. 45.

16 Cavaliers marchant à main droite, et exécutant
des à droite aux commandements par Cavalier
à droite MARCHE.

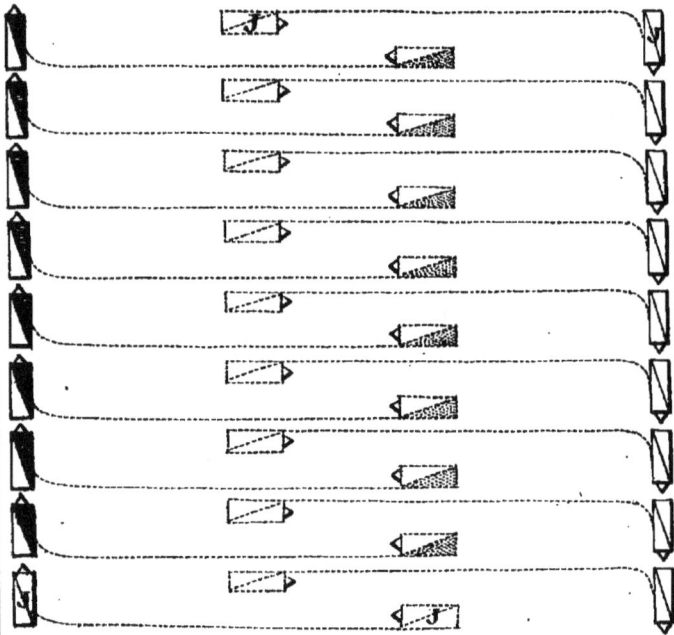

Pl. 46.

16 Cavaliers marchant à main droite, et exécutant des demi-tours à droite, aux commandements par Cavalier demi tour à droite *MARCHE*.

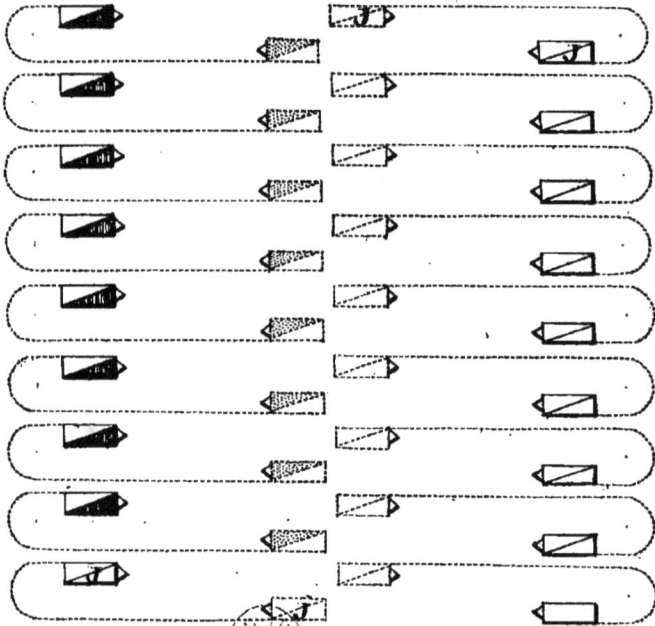

Pl. 47

16 Cavaliers appuyant à droite
après avoir marché à main droite,
et avoir changé de direction dans
la longueur du manège.

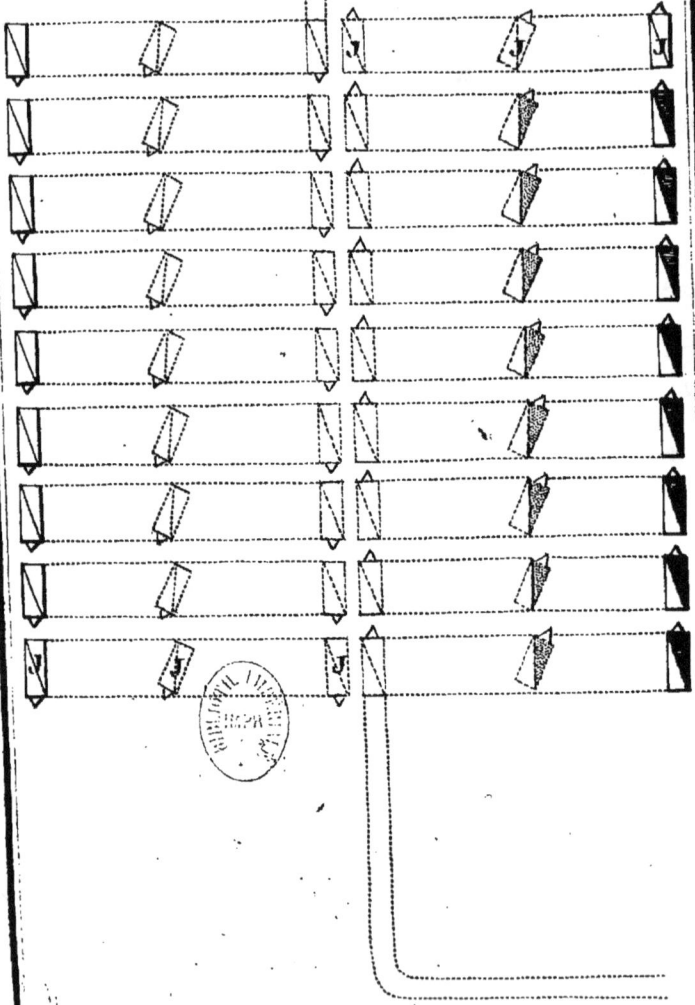

BIBLIOTHÈQUE IMPÉRIALE

Pl. 48

16 Cavaliers ayant marché à main droite, changé
de direction dans la longueur du manège, fait un
à droite par cavalier et serrant le rang, au
commandement serrez à droite MARCHE.

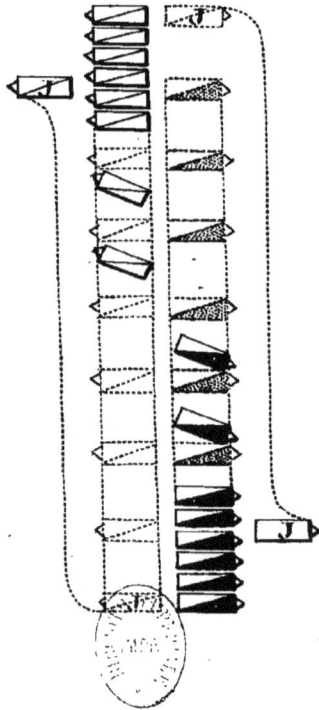

Pl. 49.

16 Cavaliers disposés pour être exercés aux principes d'alignement, en faisant avancer 3 Cav.^{rs} de la droite et de la gauche de chaque rang, et commandant ensuite par Cavalier à droite et à Gauche *ALIGNEMENT*.

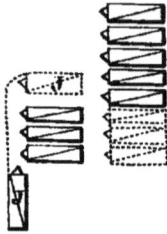

Fig. 2.

Fig. 1.

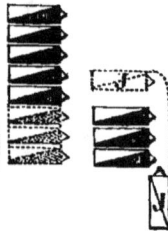

8 Cavaliers exécutant une conversion
en cercle à droite à files ouvertes.

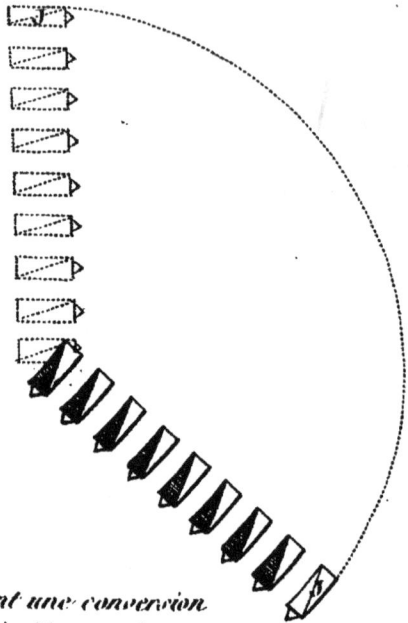

8 Cavaliers exécutant une conversion
en cercle à droite à files serrées.

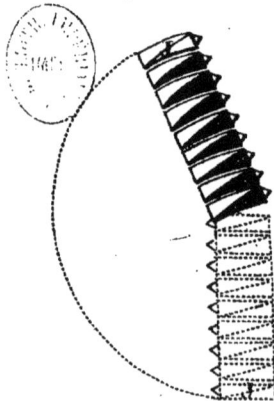

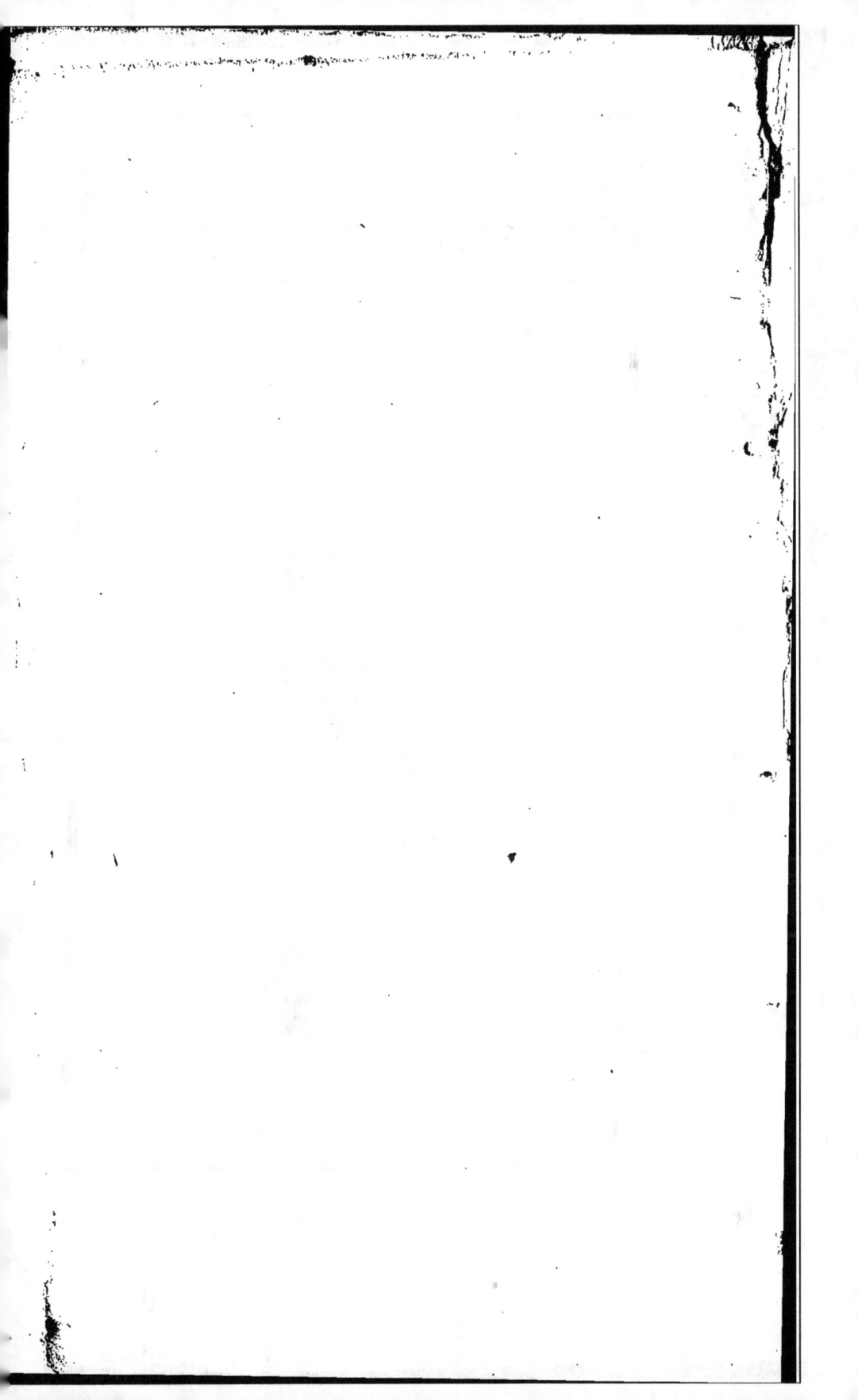

Pl. 51.

16 Cavaliers formés sur deux rangs, se préparant
à mettre pied à terre aux Commandements
préparez vous pour mettre pied à terre.

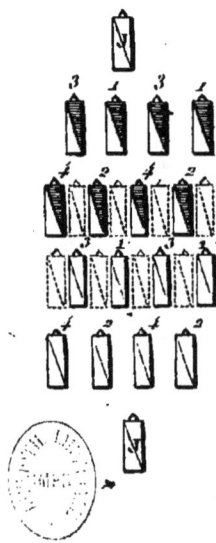

Pl 52

Position du Cavalier tenant les rênes de la Bride

Pl. 53.

Se former à droite sur deux rangs.

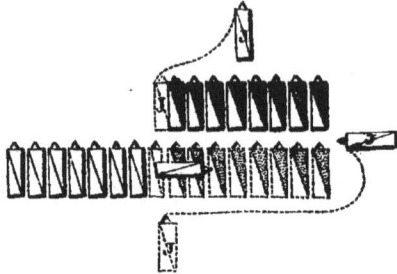

Se reformer à gauche sur un rang.

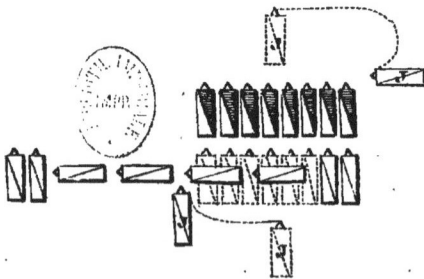

Pl. 54.

Conversion sur deux rangs à files ouvertes.

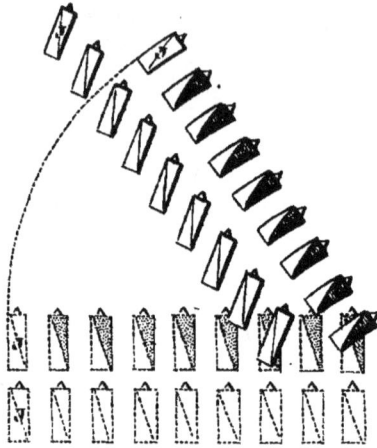

Conversion sur deux rangs à files serrées.

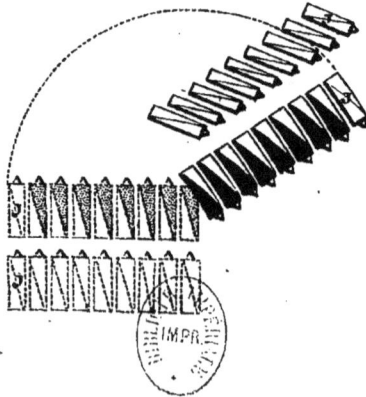

Pl. 55.

16 Cavaliers marchant par quatre
à main gauche et exécutant un
changement de direction oblique,
au commandement oblique à Gauche MARCHE.

Pl. 56.

A Gauche par Quatre.

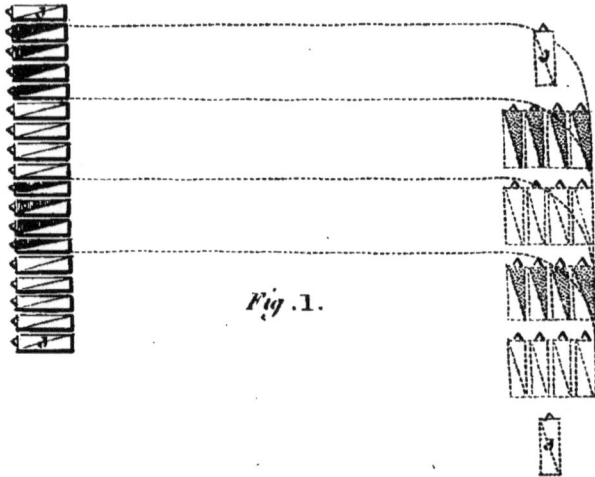

Fig. 1.

A Droite par Quatre
de chaque rang.

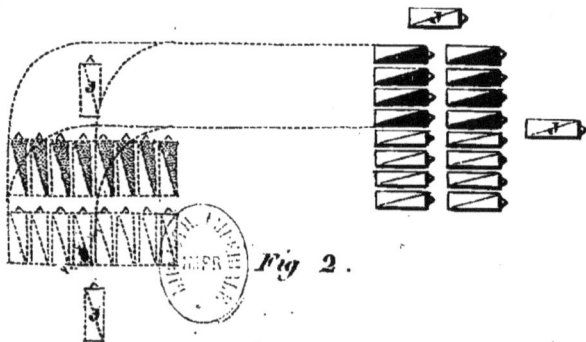

Fig 2.

Pl. 57.

A Gauche par Quatre
de chaque rang.

Fig. 1.

16 *Cavaliers se portant droit*
devant eux après avoir exécuté
un à droite par quatre de
chaque rang. Voyez Pl. 56 Fig. 2.

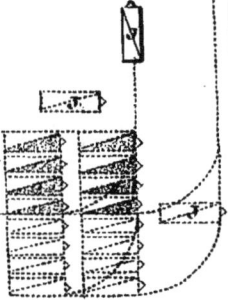

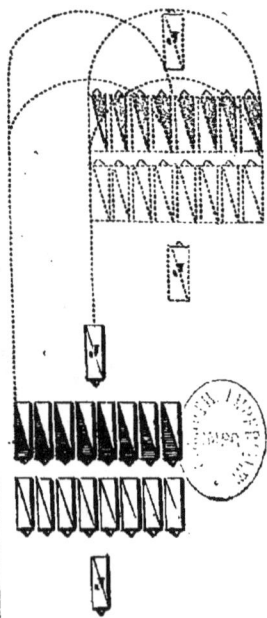

Demi tour à Gauche par
quatre de chaque rang.

Fig. 2.

Pl. 58

Ouvrir les rangs.

Fig. 1.

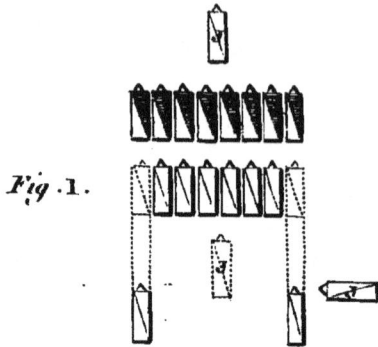

Fig. 2.

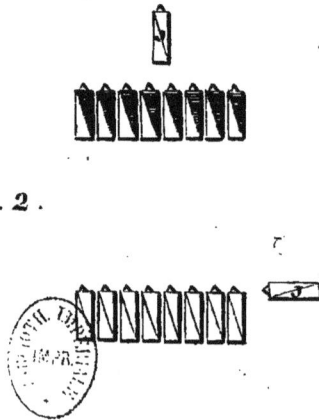

Pl. 59.

Galop à Droite.

Pl.6o.

Galop à Gauche.

Pl. 61.

Galop désuni,

ou faux du derriere.

Pl. 62.

Galop désuni,
ou faux du devant.

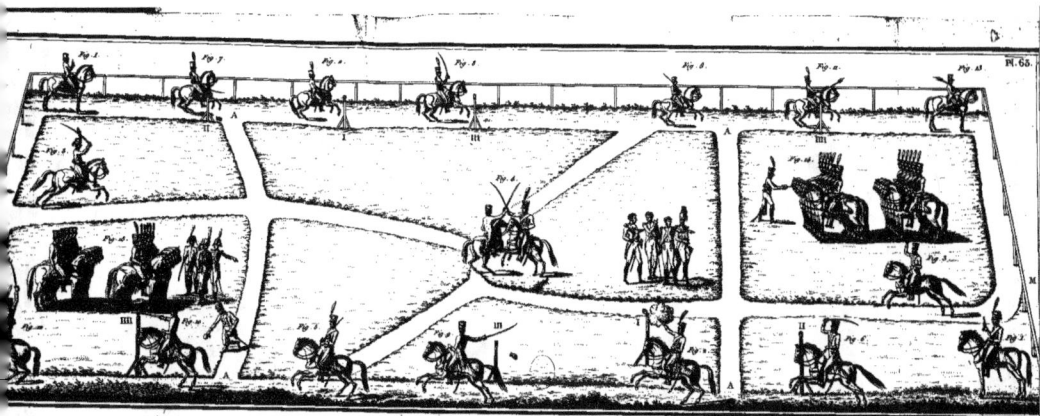

Pl. 65.

0 1 2 3 4 5 6 7 8 9 10

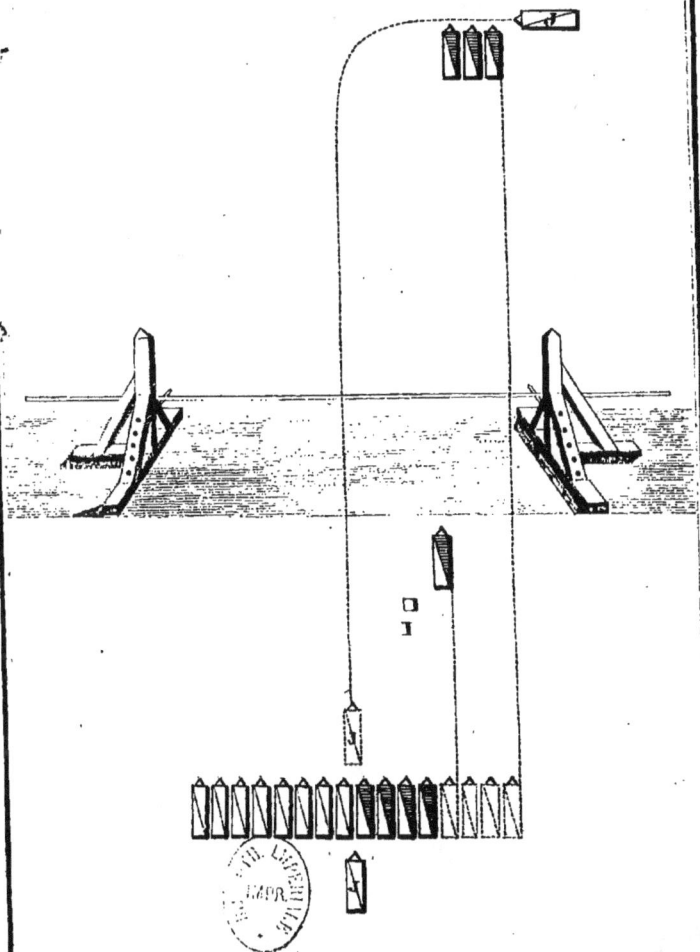

Pl. 64.

Saut de la Barrière.

16 Cavaliers placés sur un rang et disposés à sauter la barrière l'un après l'autre.

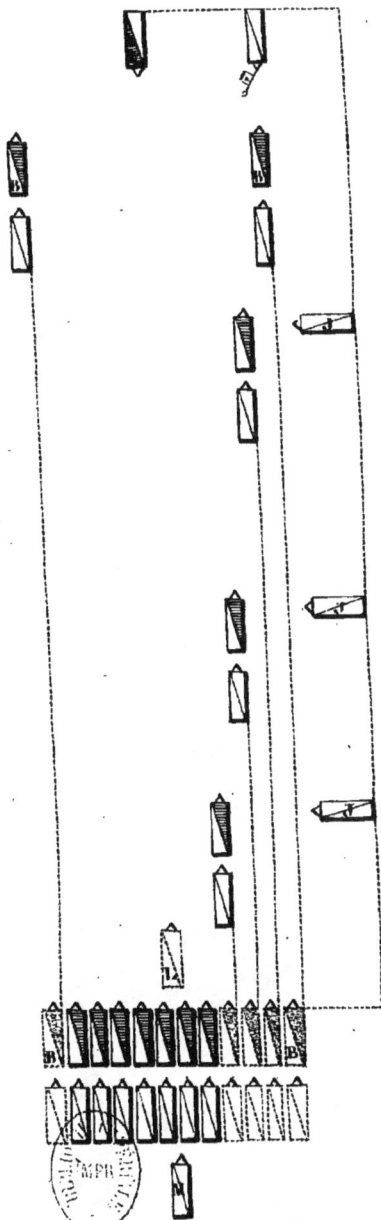

Pl. 65

École pour la charge individuelle.

Pl. 66.

N   L   SL   C   SL   L   M

MC   BF   C   BF   MC

L

M

MC

C

SL   BF

C   C

SL   BF

L   MC

M

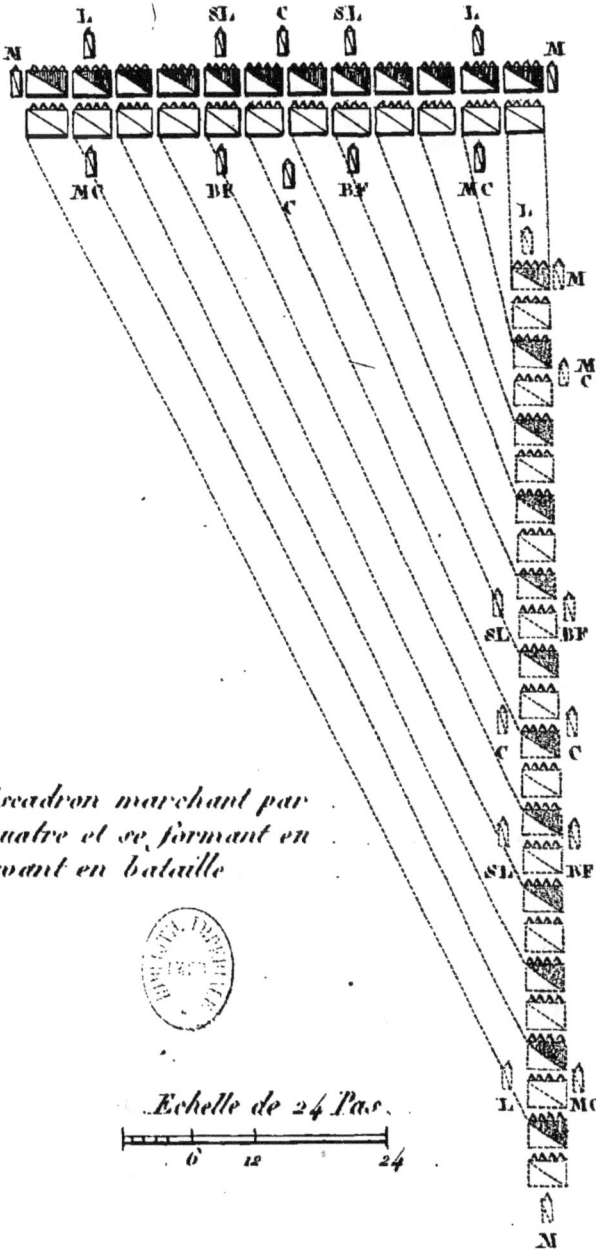

Escadron marchant par
quatre et se formant en
avant en bataille

Echelle de 24 Pas.

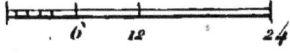

6   12   24

Pl. 67.

M

L

MC

M

L

MC

SL

BF

SL

BF

C

C

C

C

SL

BF

SL

BF

L

MC

L

MC

M

M

SL

BF

C

C

SL

BF

L

MC

M

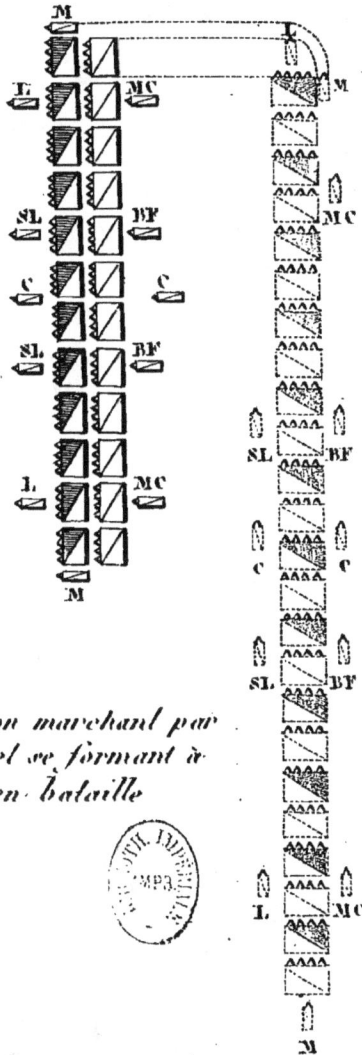

*Escadron marchant par
quatre et se formant à
gauche en bataille*

Echelle de la Planche 66.

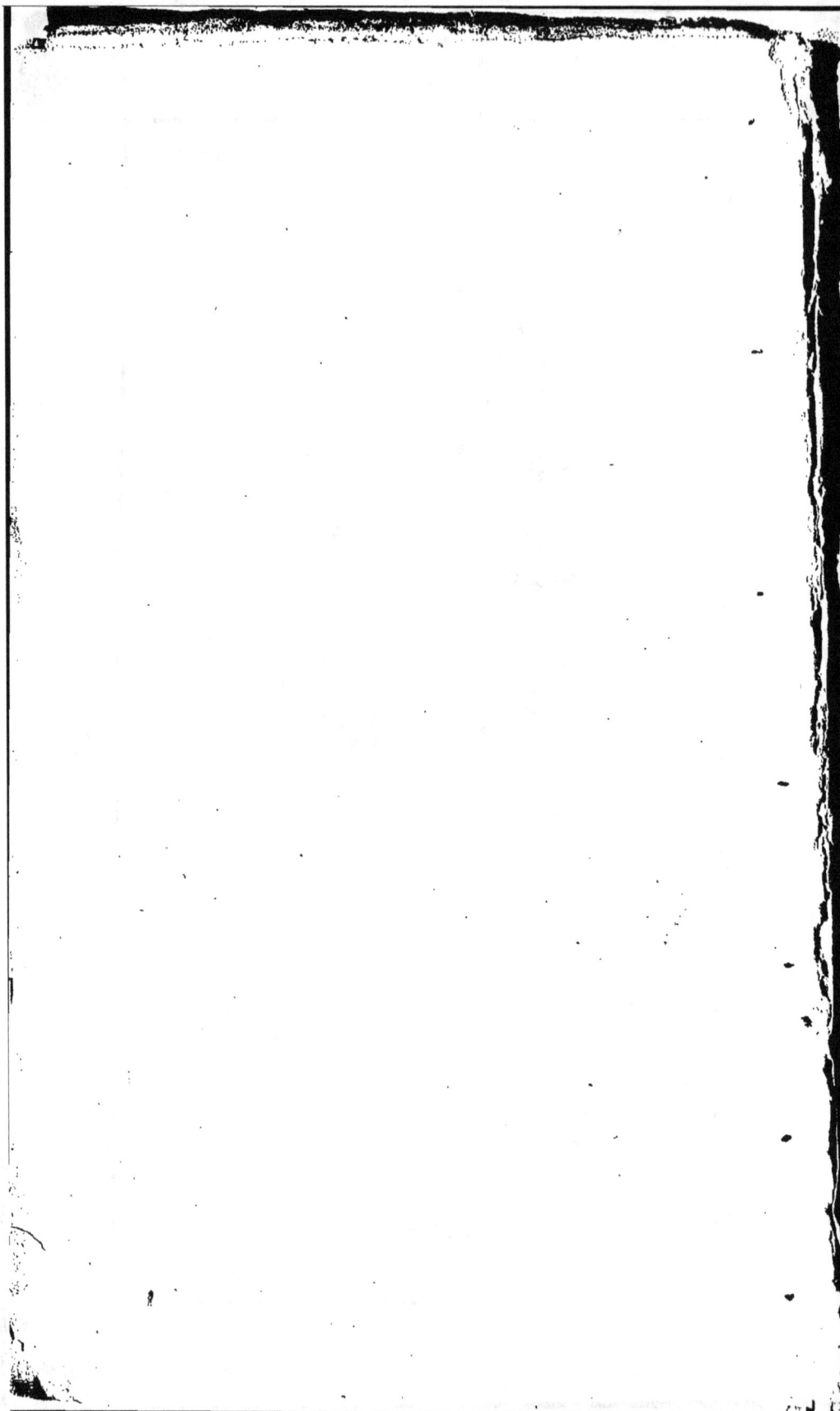

Pl. 68.

Escadron marchant par
quatre et se formant sur
la droite en bataille.

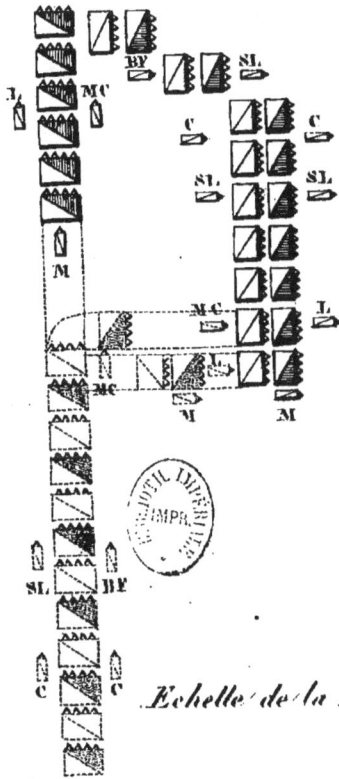

Echelle de la Planche 66.

Pl.69.

Alignement des files dans les Pelotons.

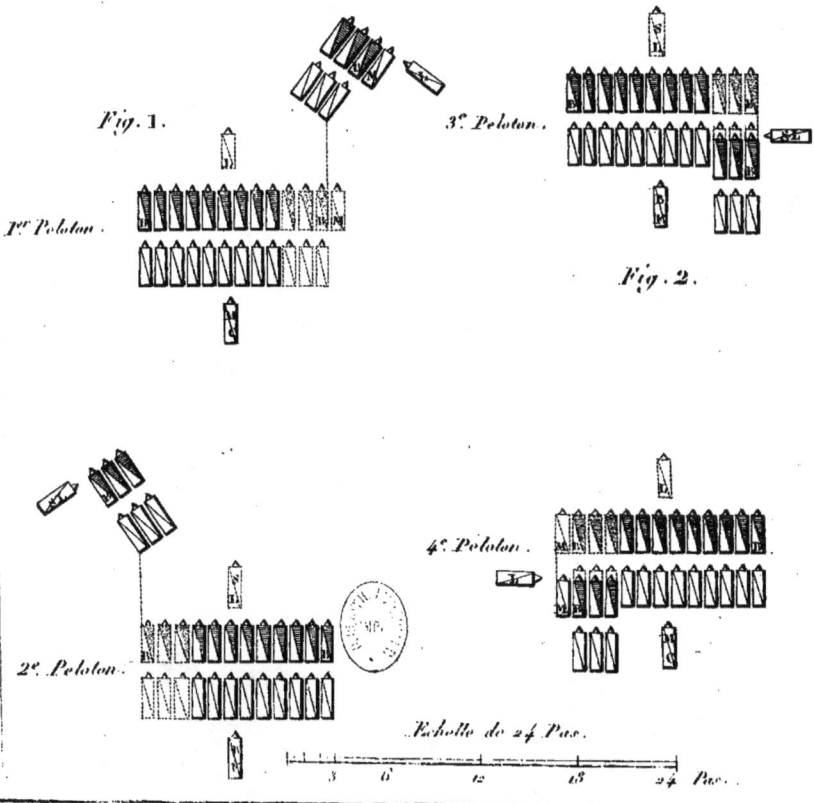

Fig. 1.

1.er Peloton.

3.^e Peloton.

Fig. 2.

2.^e Peloton.

4.^e Peloton.

Echelle de 24 Pas.

3   6   12   18   24   Pas.

Pl. 70.

Alignement des Pelotons dans l'Escadron.

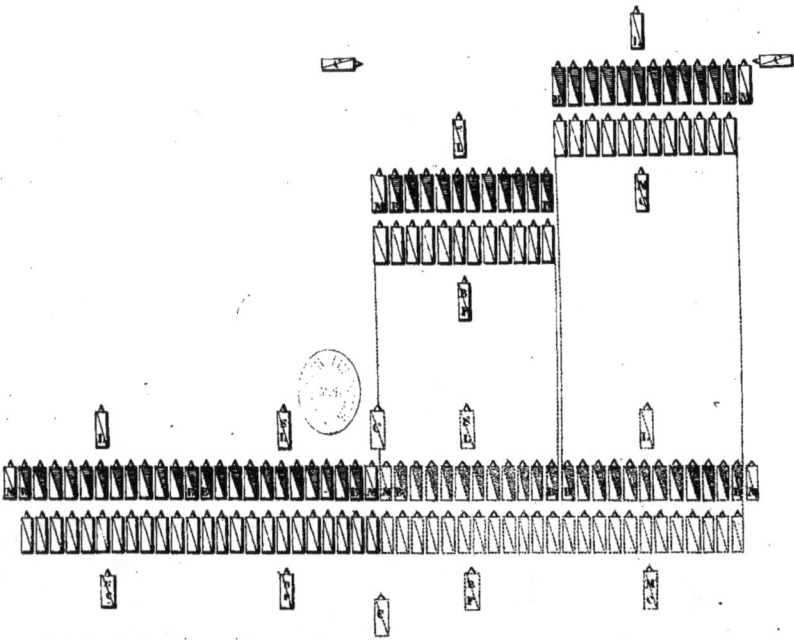

Echelle de la Planche 69.

Pl. 71.

Fig. 2.

Guide d'un Peloton
rallentissant son allure.

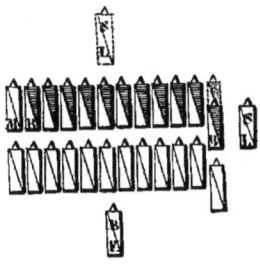

Fig. 1.

Guide d'un Peloton augmentant
insensiblement son allure.

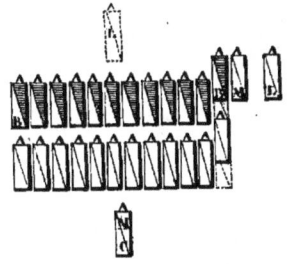

Fig. 4.

Guide d'un Peloton
serrant sur son rang.

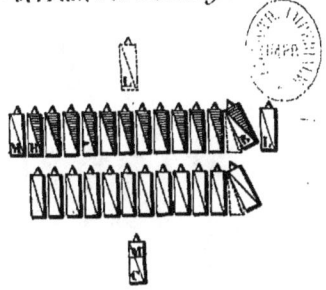

Fig. 3.

Guide d'un Peloton se
separant de son rang.

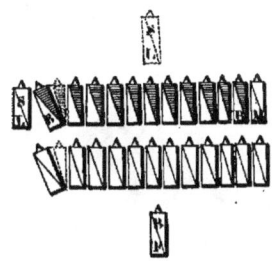

Echelle de la Planche 69.

Pl. 72.

Ŕcole de la Marche directe par Escadron.

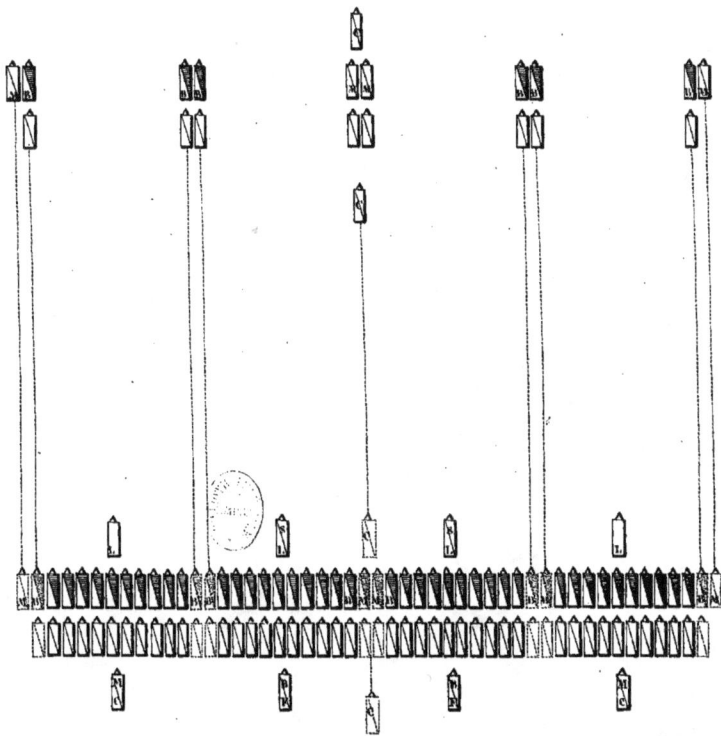

Échelle de la Planche 69.

Pl. 73.

Escadron Marchant en avant avec le Guide à droite.

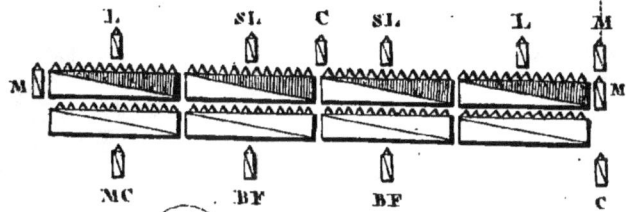

Point de direction fixe.

Echelle de 48 Pas.

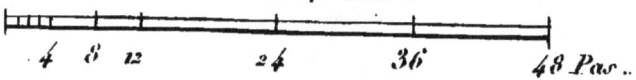

4 8 12   24   36   48 Pas.

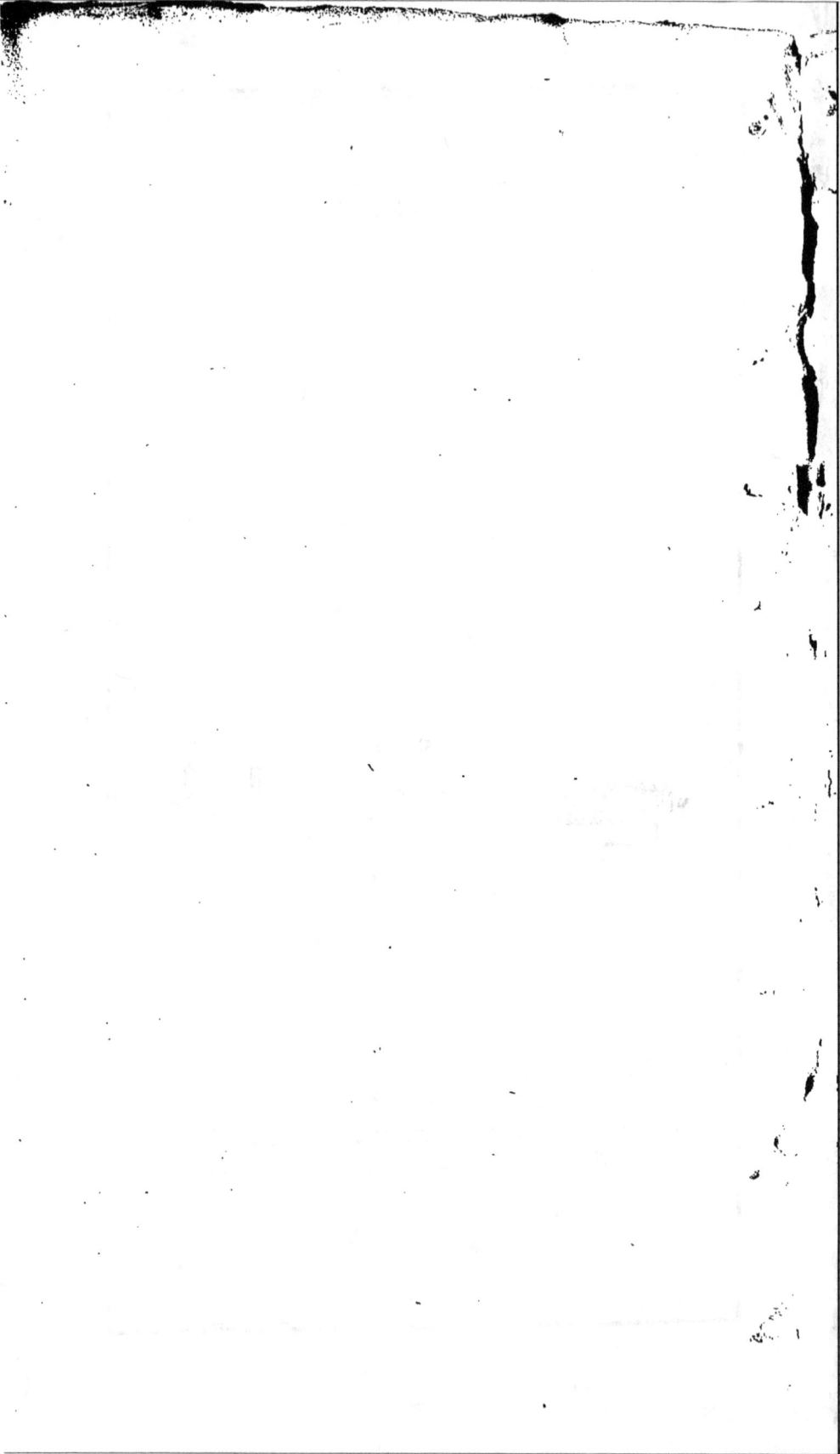

Pl. 74.

Conversions par rangs de Pelotons.

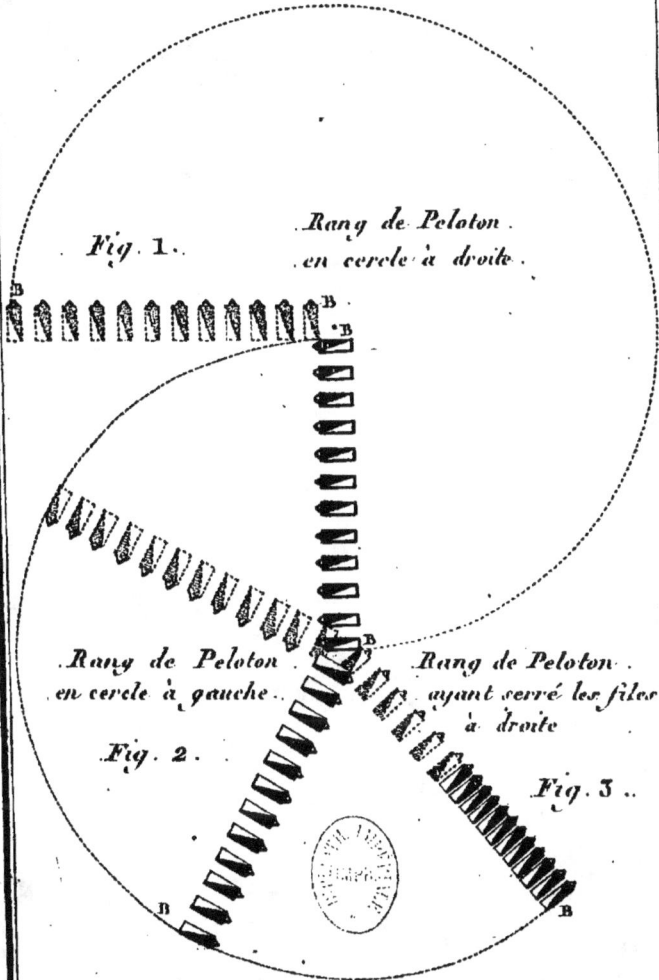

Fig. 1.

Rang de Peloton en cercle à droite.

Rang de Peloton en cercle à gauche.

Fig. 2.

Rang de Peloton ayant serré les files à droite

Fig. 3.

Echelle de 24 Pas.

Pl. 75.

Conversion à pivot Mouvant.

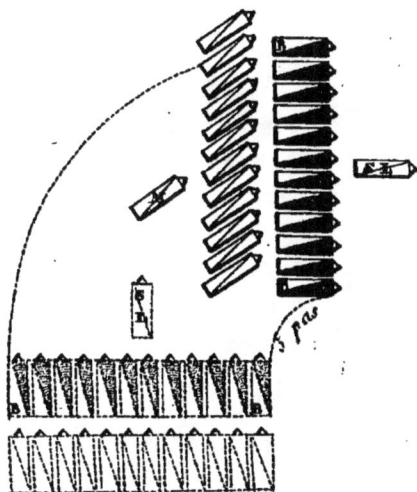

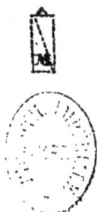

Echelle de 24 Pas.

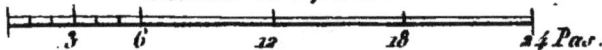

3   6   12   18   24 Pas.

Pl. 76.

Changer le côté de la Conversion, sans
s'arreter.

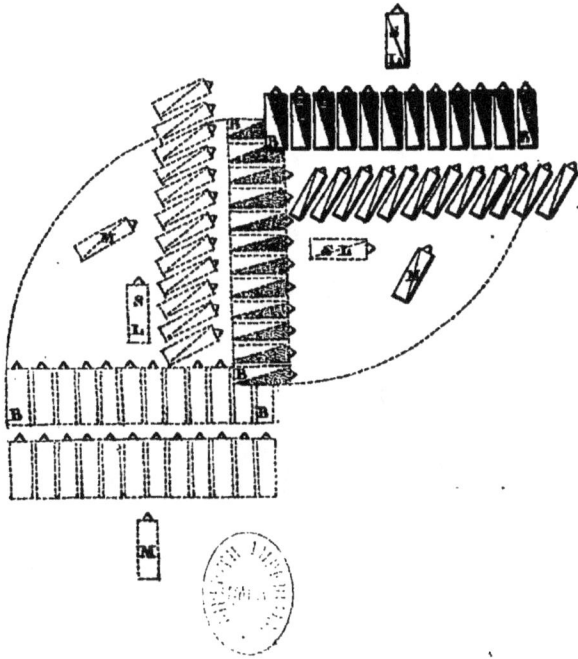

Echelle de 24 Pas.

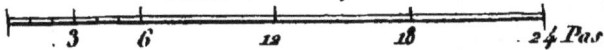

3   6   12   18   24 Pas

Pl. 77.

Marche oblique Individuelle.

Echelle de 24 Pas.

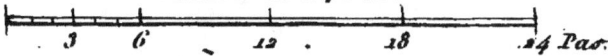

3 6 12 18 24 Pas.

Pl. 78.

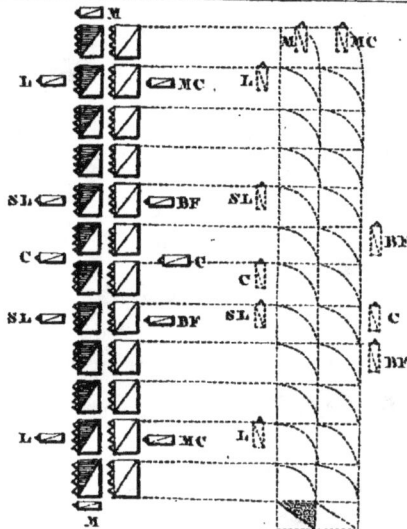

Marche de flanc.

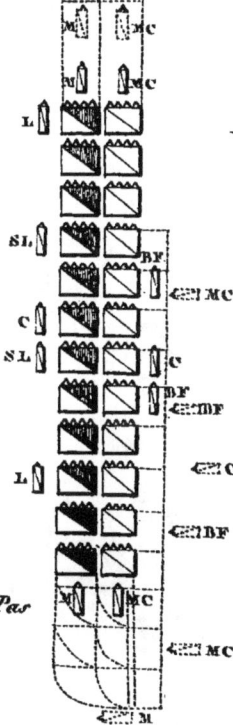

Echelle de 24 Pas.

.3 6   12   18   24 Pas

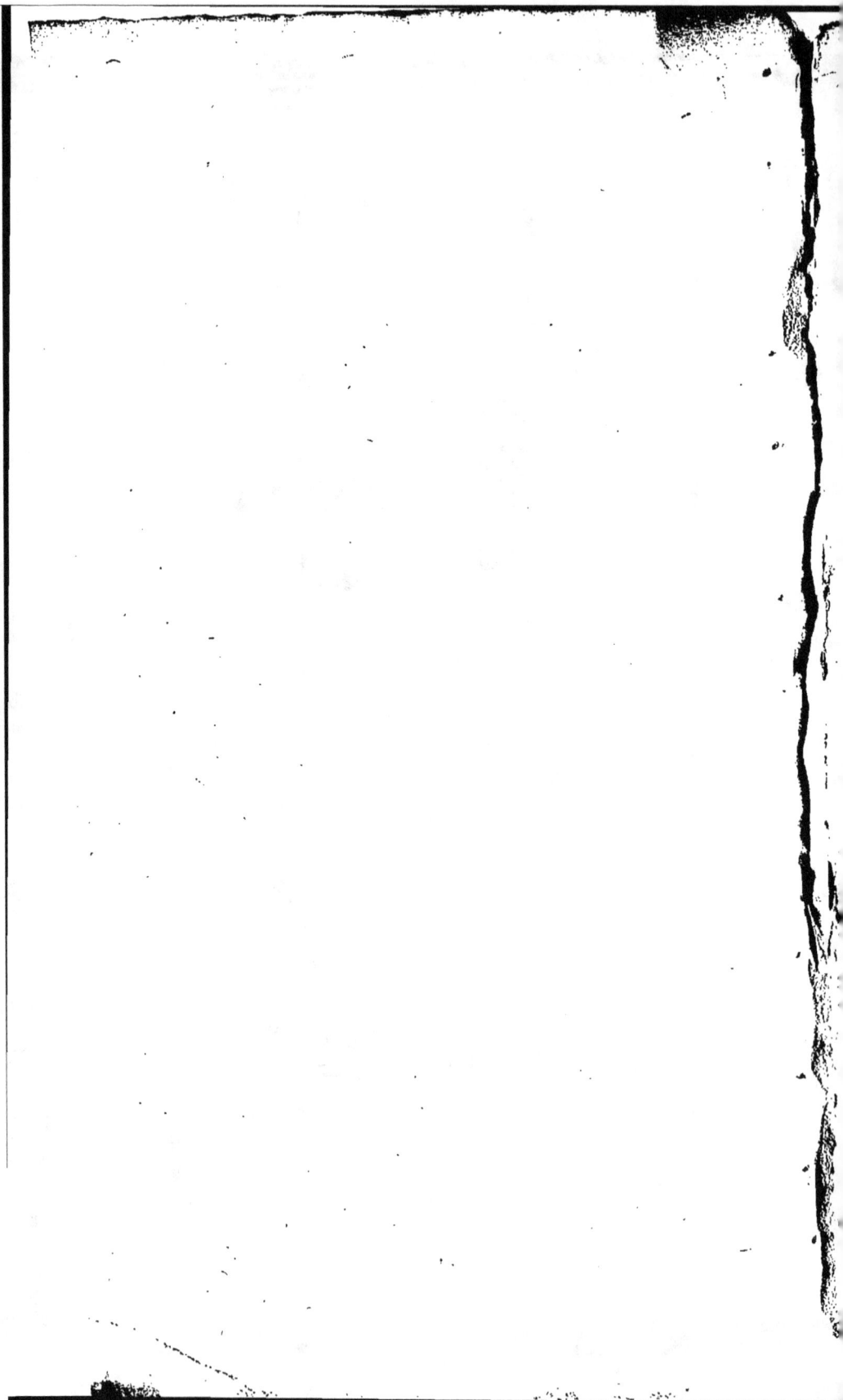

Pl. 79.

l'Escadron etant en Bataille
le rompre à droite par Pelotons.

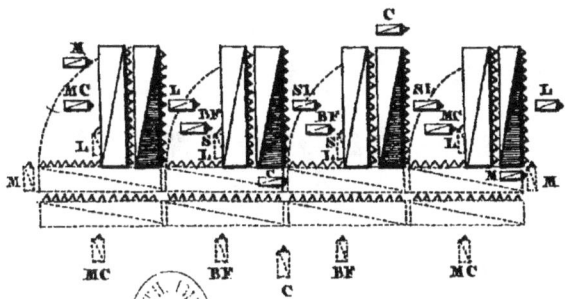

Echelle de 24 Pas.

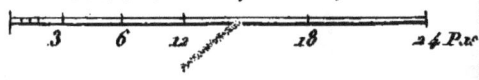

3   6   12   18   24 Pas

Pl. 80.

Entrée du Défilé.

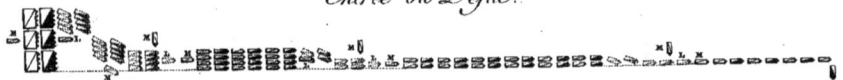

Sortie du Défilé.

Echelle de 48 Pas.

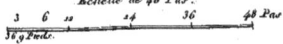

Pl. 81.

demi tour à droite par pelotons.

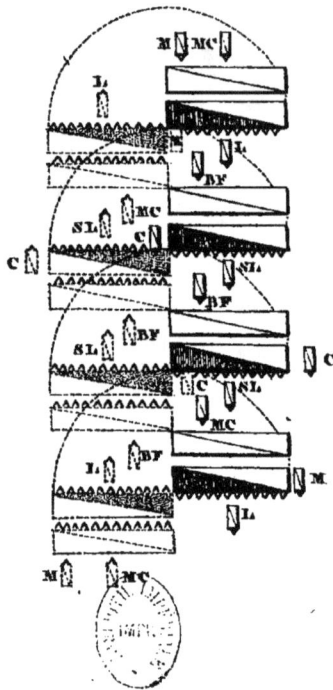

Echelle.

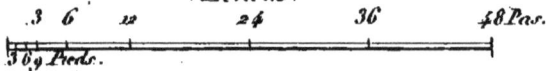

3 6 12 24 36 48 Pas.

3 6 9 Pieds.

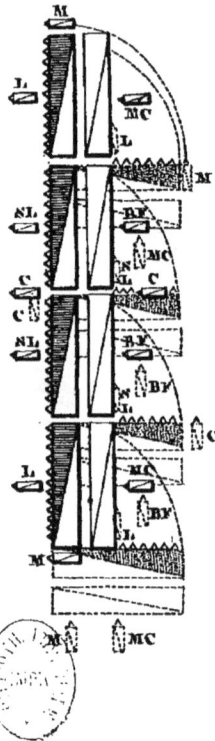

Pl. 82.

A Gauche en Bataille.

Echelle

3   6   12   24   36   48 Pas.

36 9 Pieds

Pl. 83.

A droite Ordre Diverse
en Bataille.

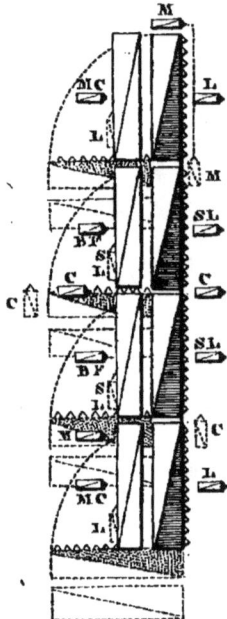

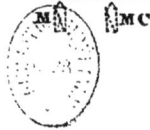

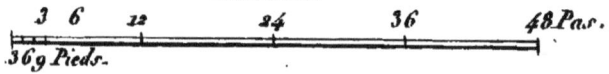

Echelle.

3 6   12   24   36   48 Pas.

36 9 Pieds.

Pl. 84.

Rompre par la droite.
pour marcher vers la gauche.

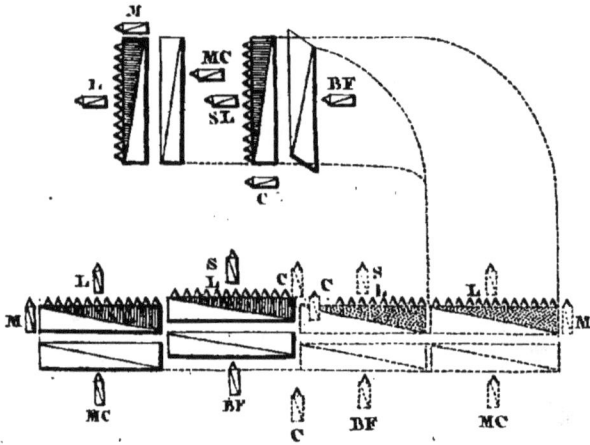

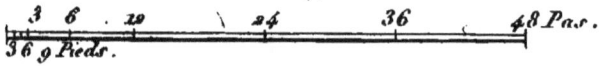

Echelle.

3 6   12   24   36   48 Pas.

3 6 9 Pieds.

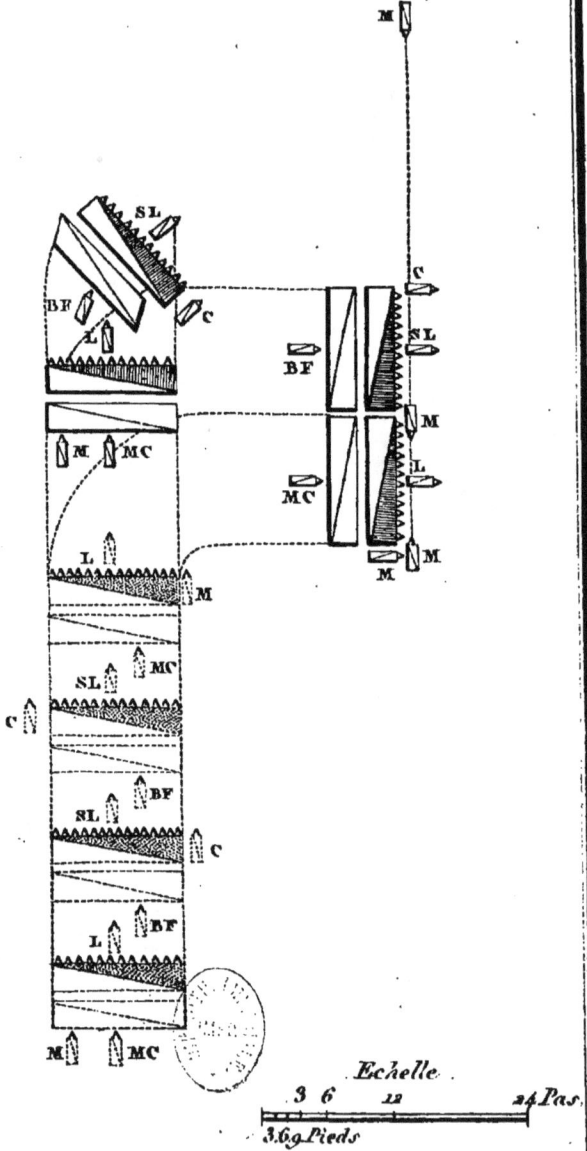

Pl. 85.

Sur la droite en Bataille.

Echelle.

3 6   12   24 Pas.

3.6.9 Pieds.

Pl. 86.

Rompre en arriere par la droite
pour marcher vers la gauche.

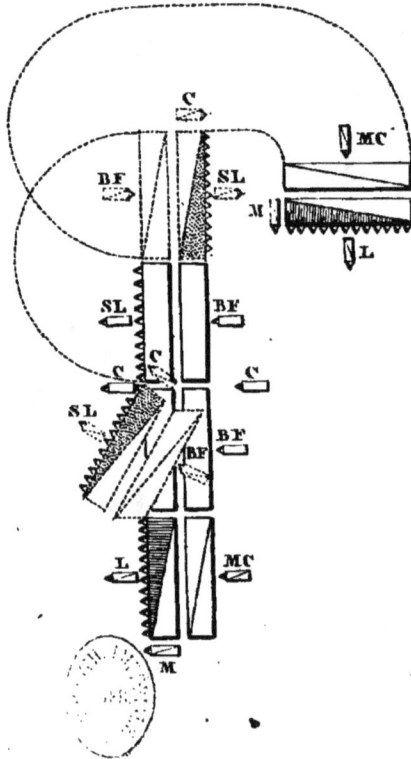

Echelle

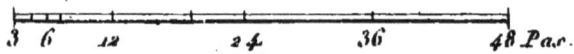

3 6 12 24 36 48 Pas.

Pl. 87.

En avant en Bataille.

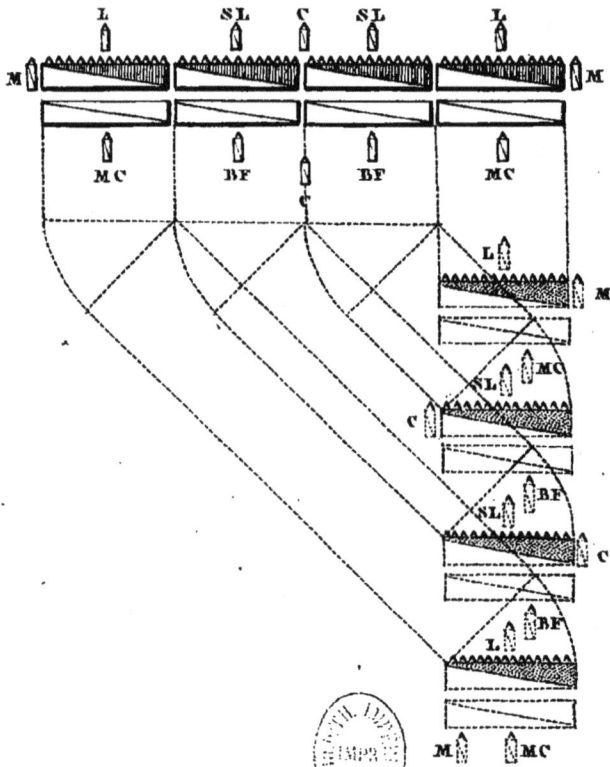

Echelle

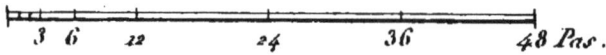

3 6   12   24   36   48 Pas.

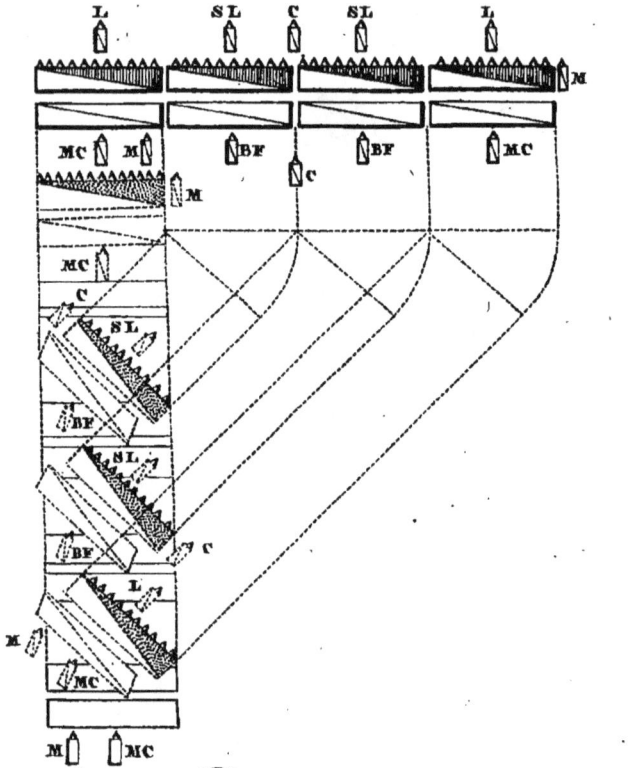

Pl. 88

En avant ordre inverse.
en Bataille

Echelle

3   6   12   24   36   48 Pas.

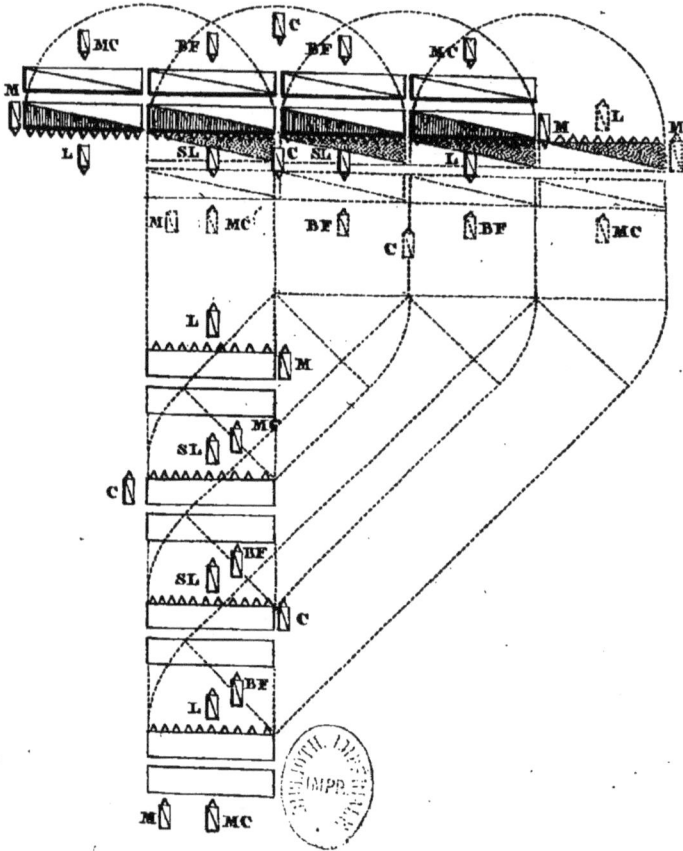

Pl. 89.

Face en arrière
en Bataille

Echelle

3 6 12 24 36 48 Pas.

Pl. 90.

Escadron étant en Bataille et Exécutant.
un demi tour à droite par quatre.

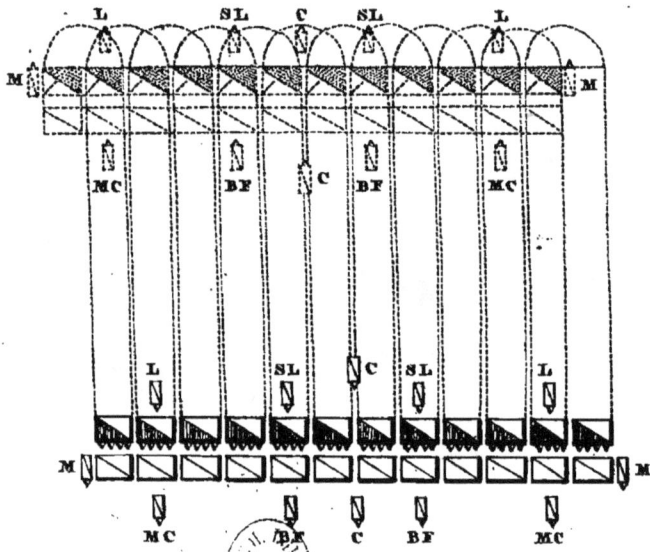

Echelle.

3 6   12   24   36   48.Pas.

Pl. 91.

Escadron étant en Bataille et Exécutant
un demi tour à droite par Pelotons.

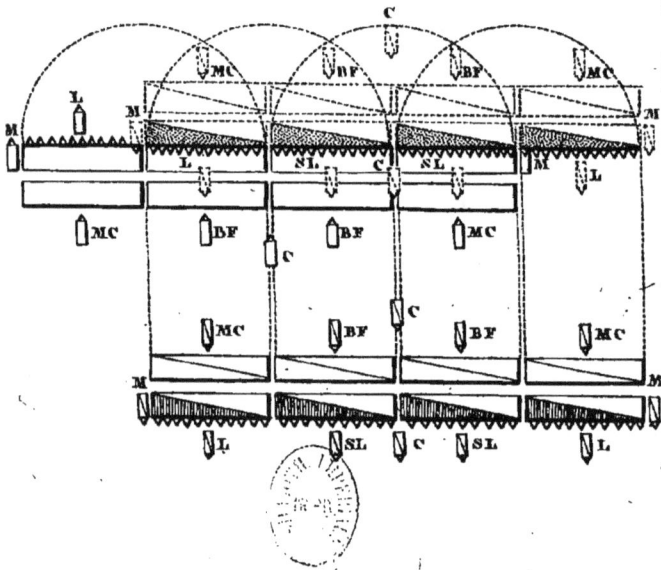

Echelle

3   6   12   24   36   48 Pas.

Pl. 92.

Escadron marchant de front,
le rompre en avant par Pelotons.

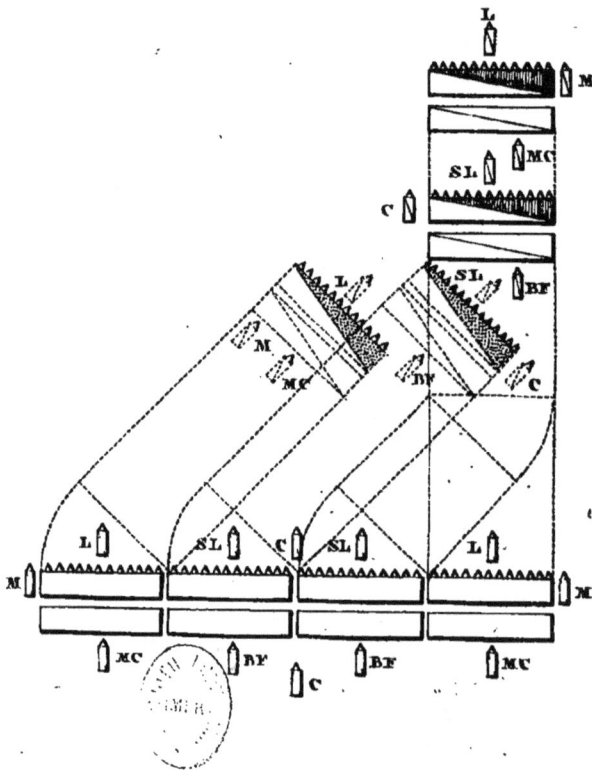

Echelle

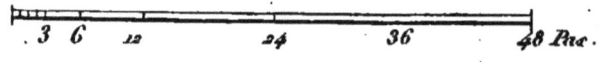

3 6   12   24   36   48 Pas.

Pl. 93.

Colonne par la Droite
Prenez la direction de la tête.

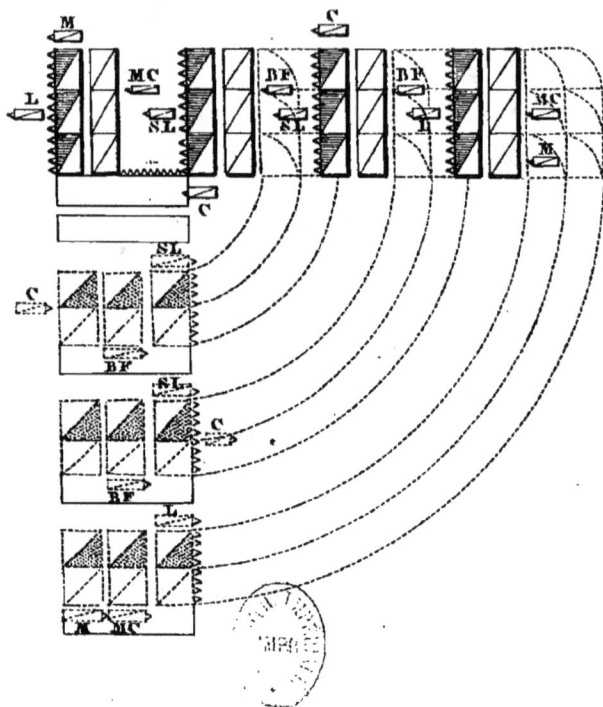

Echelle.

.3 6   12   24   36   48 Pas.

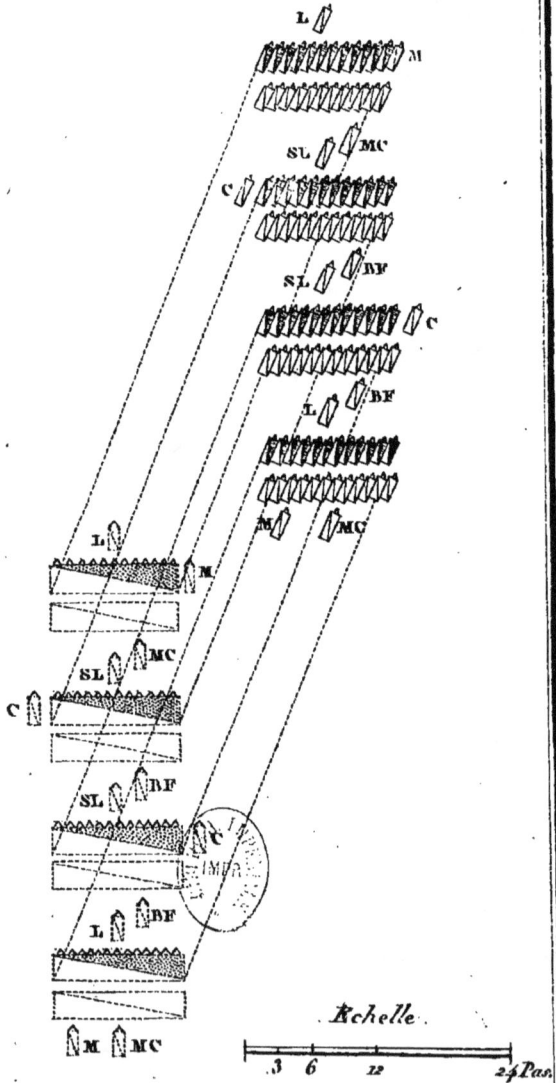

Pl. 94.

Escadron en Colonne par Pelotons Exécutant
l'oblique individuel.

Echelle.

3   6   12   24 Pas.

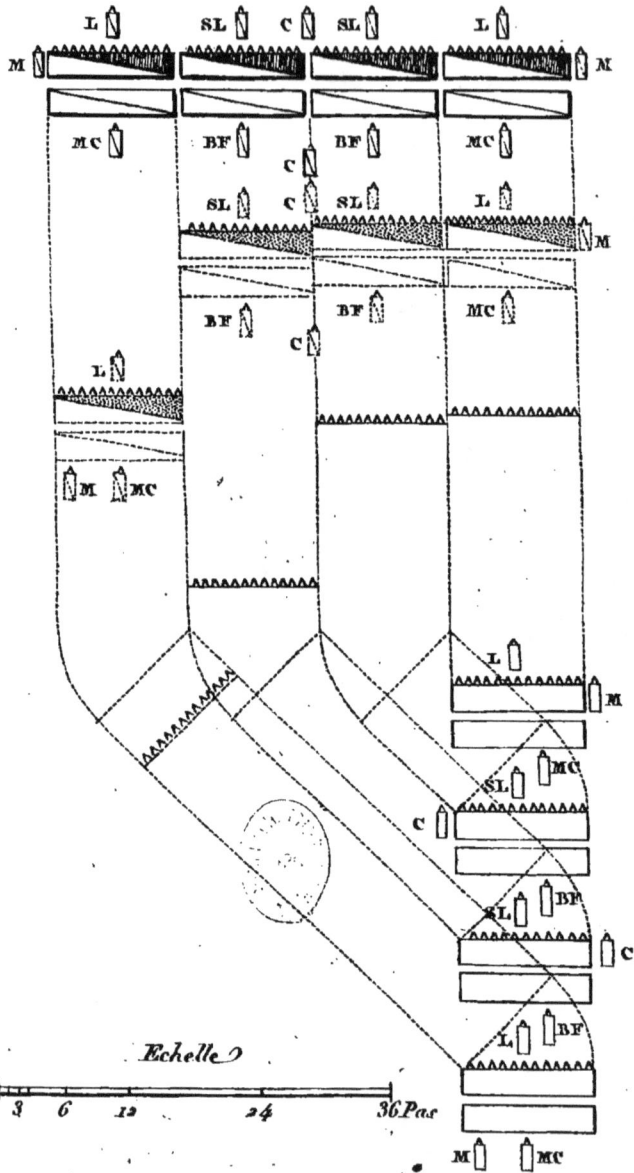

Pl. 95

Former l'Escadron.

Echelle

3 6 12 24 36 Pas

Pl. 96.

Passage d'Obstacle.

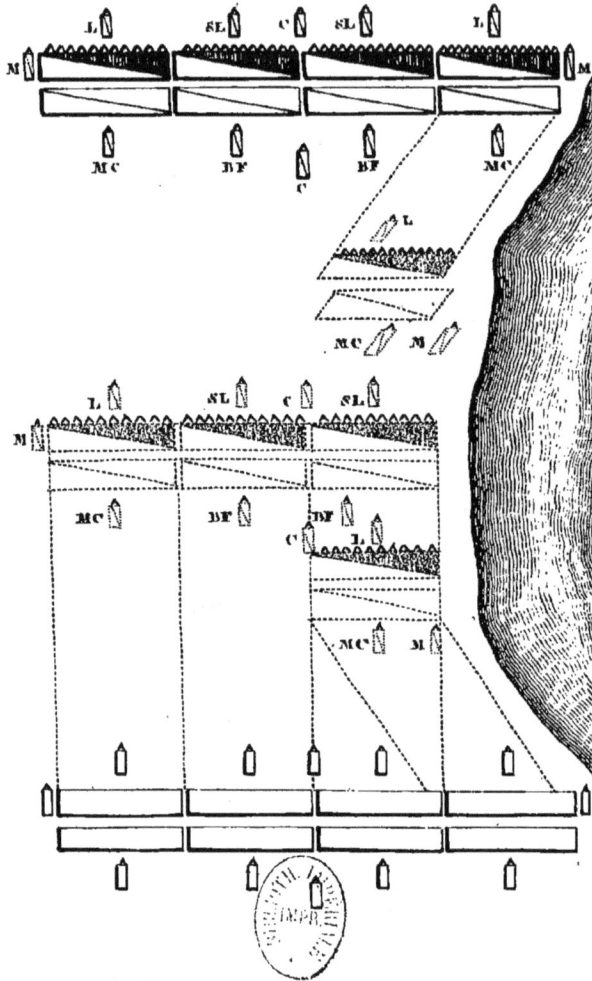

Echelle de 48 Pas.

3 6 12 24 36 48 Pas.

Pl. 97.

Marche Oblique par Troupe.

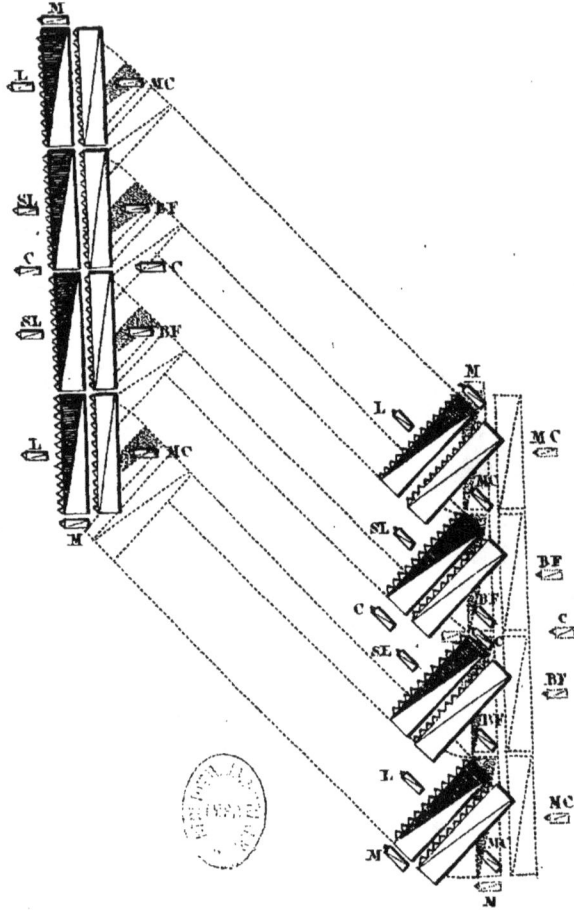

Echelle de 24 Pas.

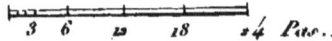

3 6 12 18 24 Pas.

Pl. 98.

De la Contremarche.

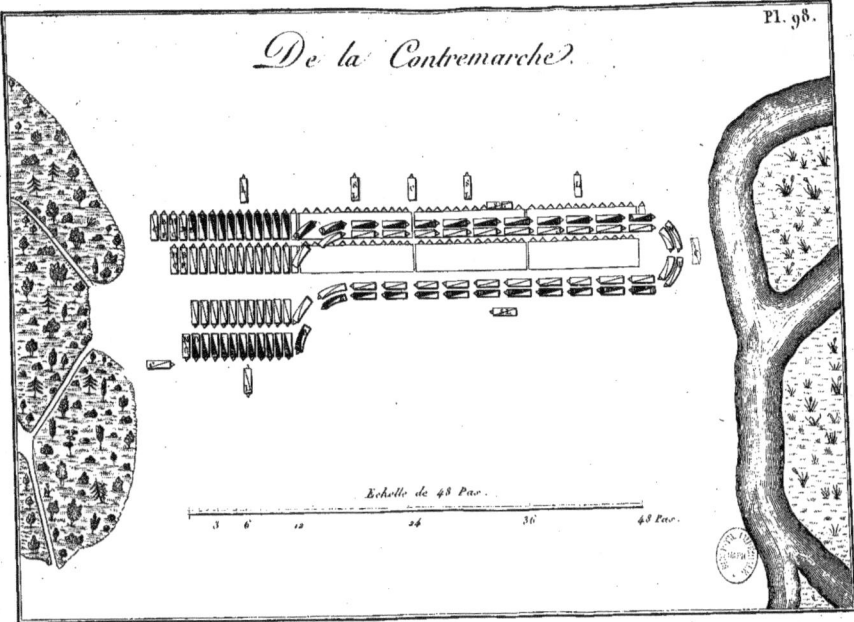

Echelle de 48 Pas.

3   6   12   24   36   48 Pas.

Pl. 99.

4.me Peloton se dispersant en Tirailleurs.

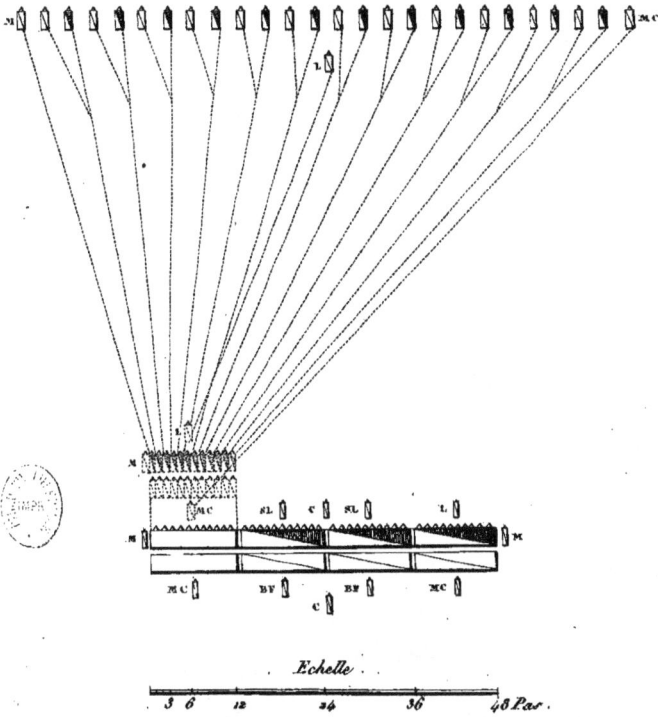

Echelle.

3 6   12   24   36   48 Pas.

*L'Escadron ayant tourné à droite, et les
Tirailleurs ayant fait par Cavalier à droite,*

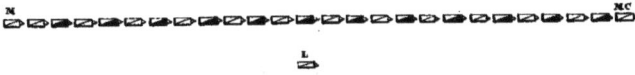

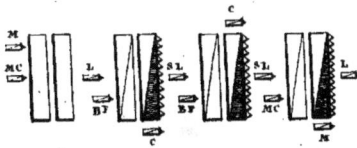

Echelle.

3   6   12   24   36   48 Pas.

Pl. 101.

L'Escadron Marchant en Arriere, et les Tirailleurs
éxécutant leur Retraite en Echiquier.

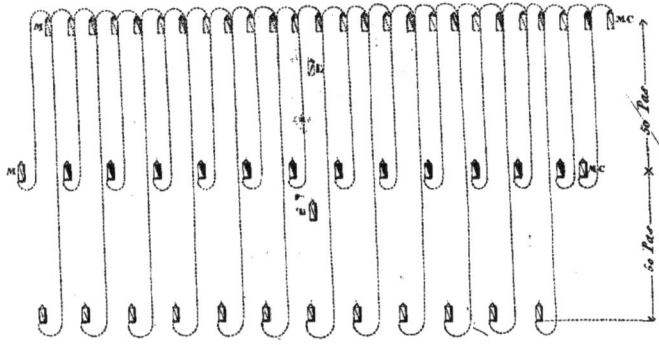

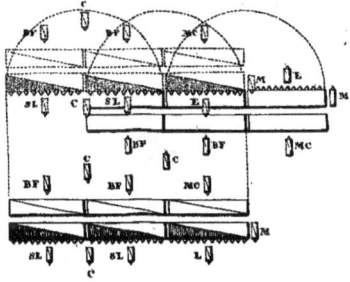

Echelle

3 6 12   24 Pas.

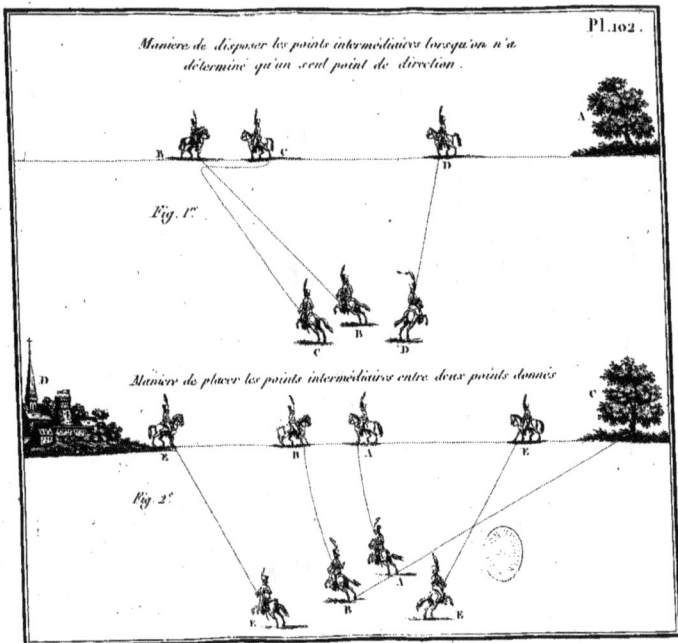

Pl. 102.

Manière de disposer les points intermédiaires lorsqu'on n'a
déterminé qu'un seul point de direction.

Fig. 1.re

Manière de placer les points intermédiaires entre deux points donnés

Fig. 2.e

19.

Premiere Manœuvre 2.

Se Former de pied Ferme en Colonne serrée.

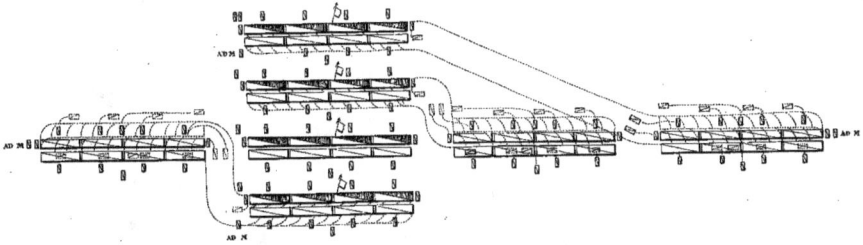

Echelle.

3 6 12   24   36   48 Par.

369 Pieds

Pl. 104.

Deuxieme Manœuvre.

Passer de L'ordre de Colonne avec Distance à L'ordre
de Colonne serrée, par la Formation successive des Escadrons.

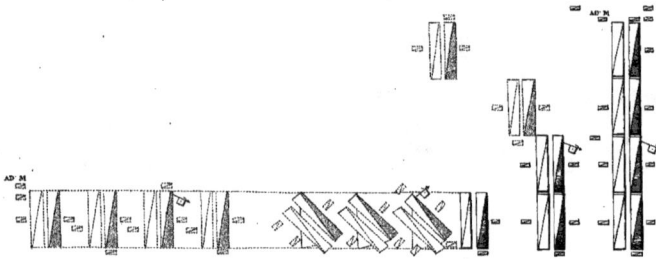

Echelle de 50 Pas.

1 2 3 6   12   24   36   48 Pas.

Pl. 105.

Troisième Manœuvre.

Formation à Gauche en Bataille.

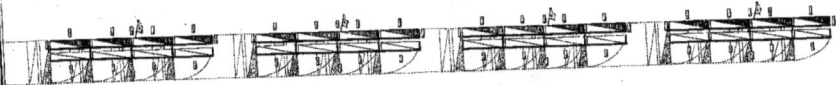

Échelle de 48 Toises.

1 3 6   12   24   36   48 Tois.

Pl. 106

Quatrieme Manœuvre.

Formation sur la Droite en Bataille.

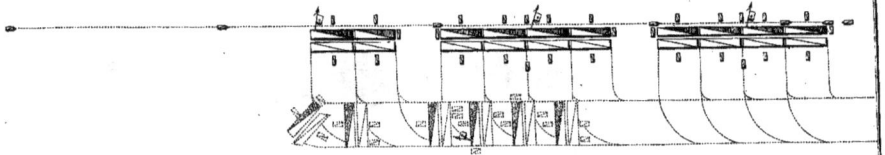

Echelle de 48 Pas.

48 Pas.

Pl. 107.

Cinquième Manœuvre.

Formation en avant en Bataille .

Échelle de 48 Par

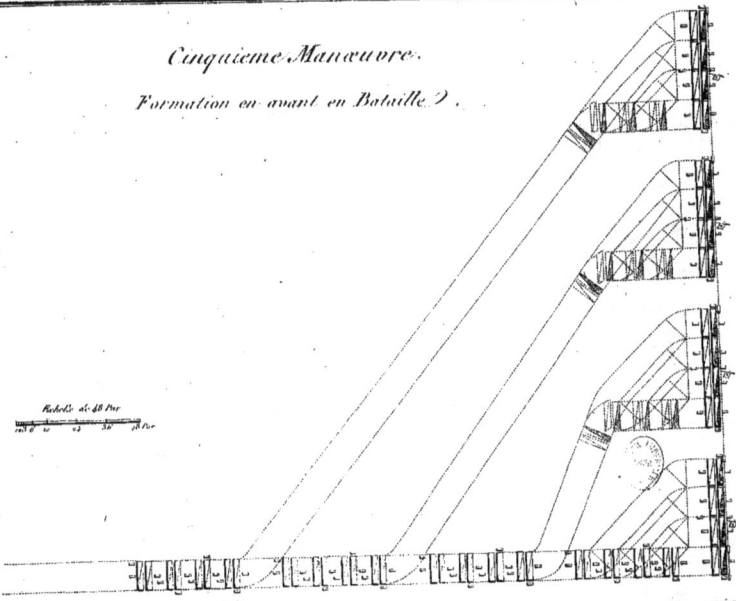

Pl. 108

Sixieme Manœuvre.

Formation en arriere en Bataille.

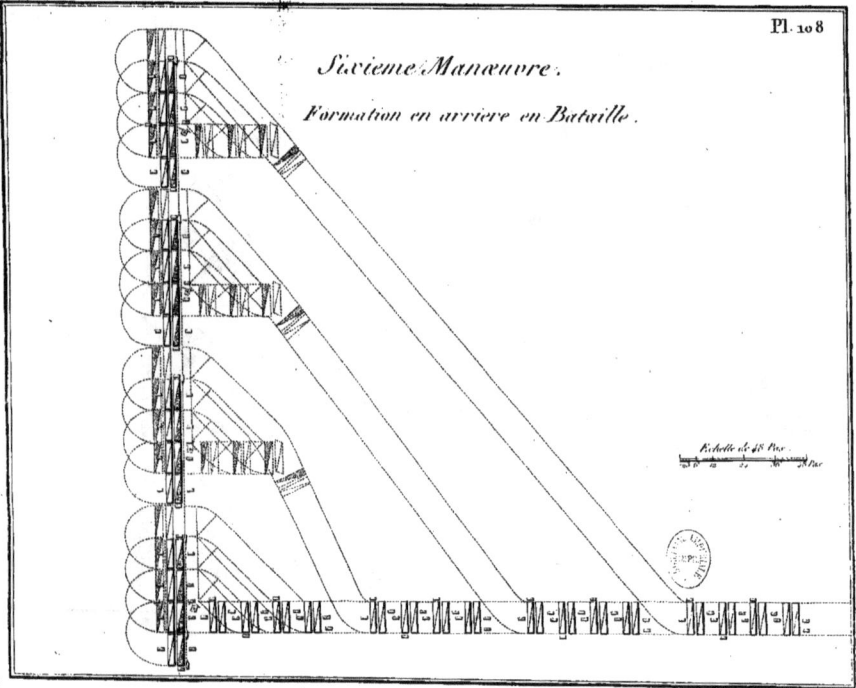

Echelle de 48 Pas.

Pl. 109.

Septième Manœuvre.
se former en avant en Bataille
sur le 1.er Peloton du 3.me Escadron.

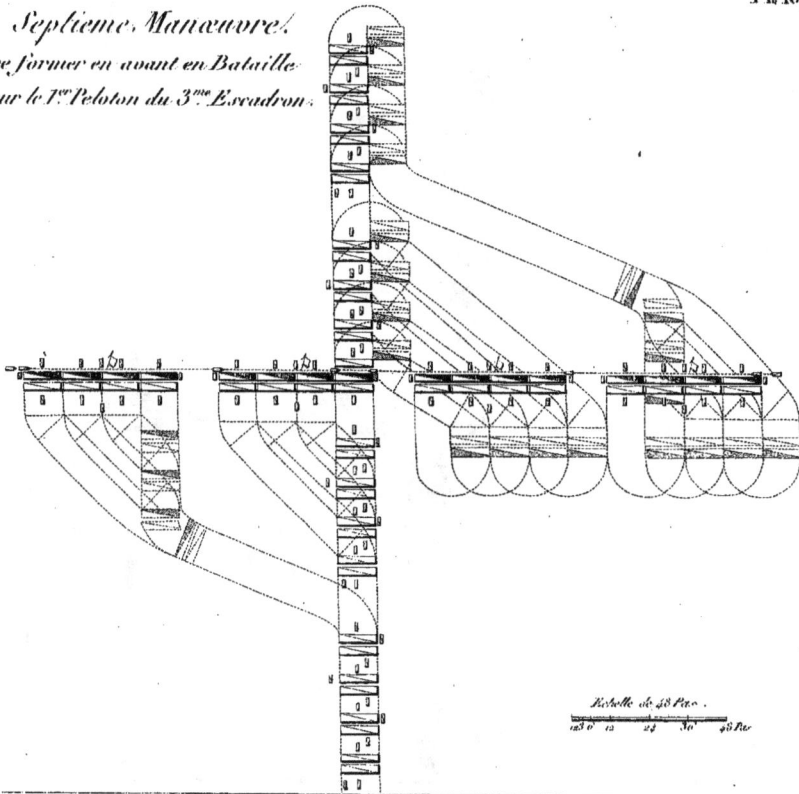

Echelle de 48 Pas.

Pl. 110.

Septieme Manœuvre.
se former en arriere en Bataille
sur le 4.me Peloton du 2.me Escadron.

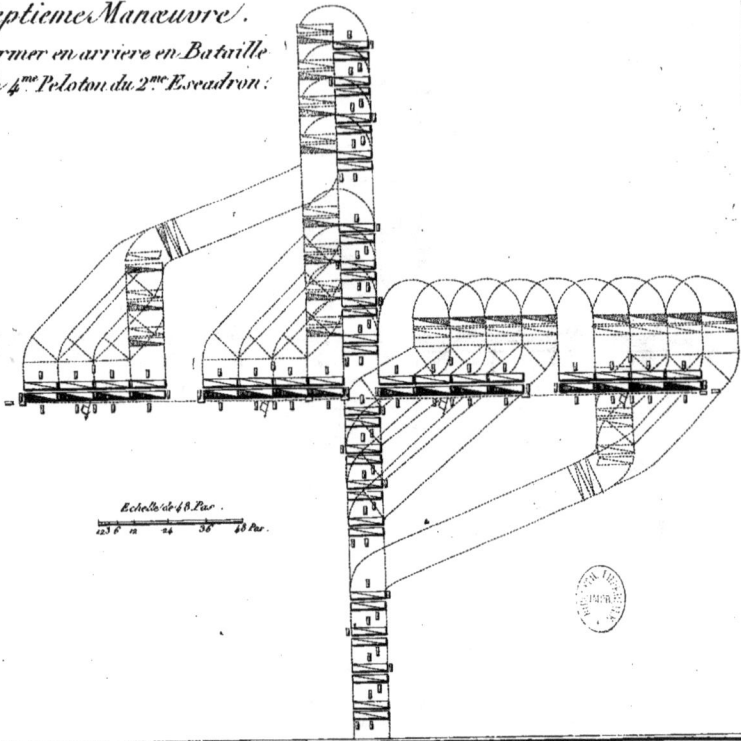

Echelle de 48 Pas.
12 3 6   12   24   36   48 Pas.

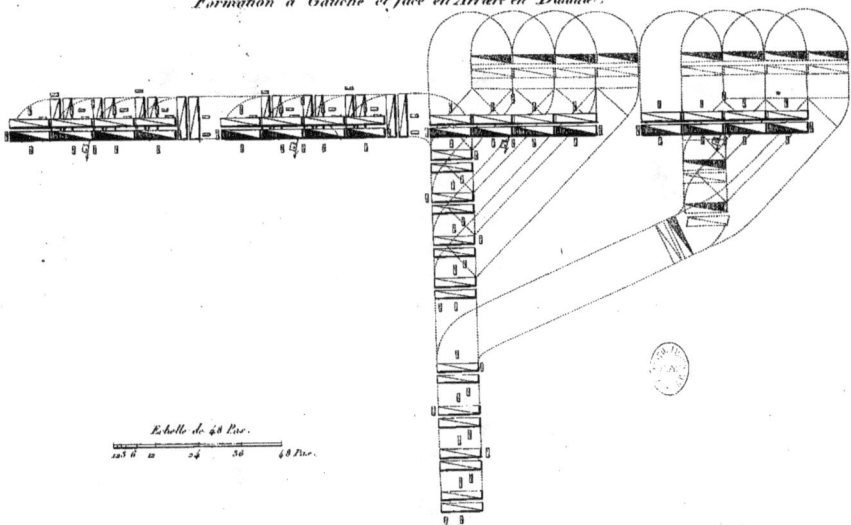

Huitieme Manœuvre.
Formation à Gauche et face en Arriere en Bataille.

Echelle de 48 Pas.

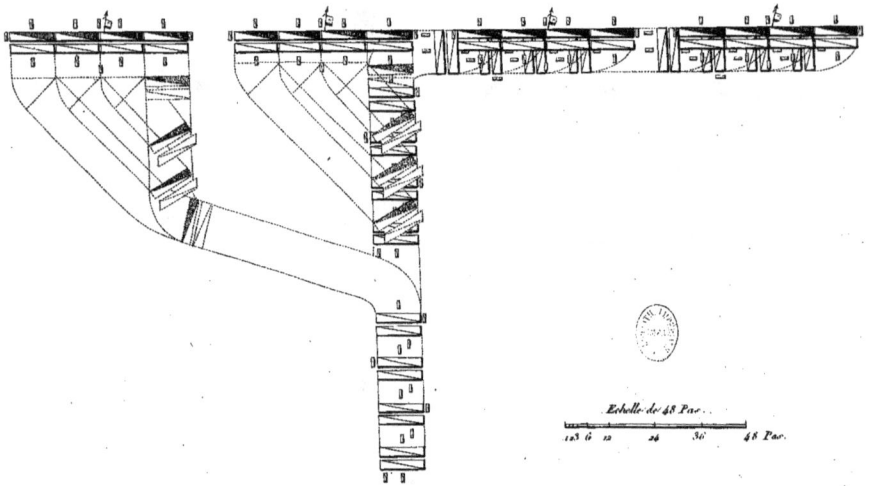

Huitième Manœuvre.

Formation à Gauche-et-en-Avant en Bataille.

Pl. 112.

Echelle de 48 Pas.

1 3 6 12   24   36   48 Pas.

Neuvieme Manœuvre.

Déployement en avant de la Colonne Serrée.

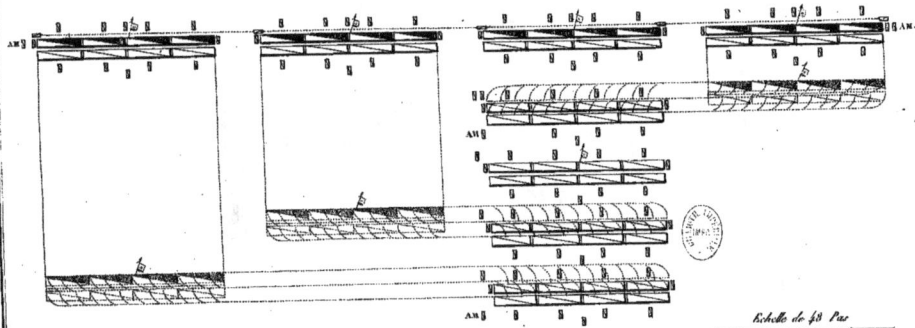

Echelle de 48 Pas

Pl. 114.

Dixieme Manœuvre.

Par la queue de la Colonne à gauche en Bataille.

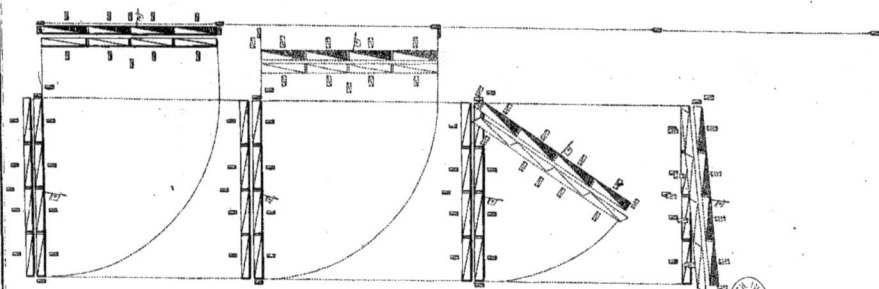

Echelle de 48 Pas

123 6 12 24 36 48 Pas

Onzieme Manœuvre.

Passage des Lignes.

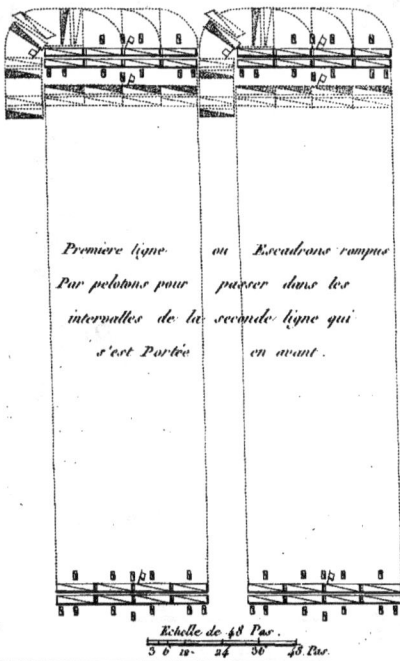

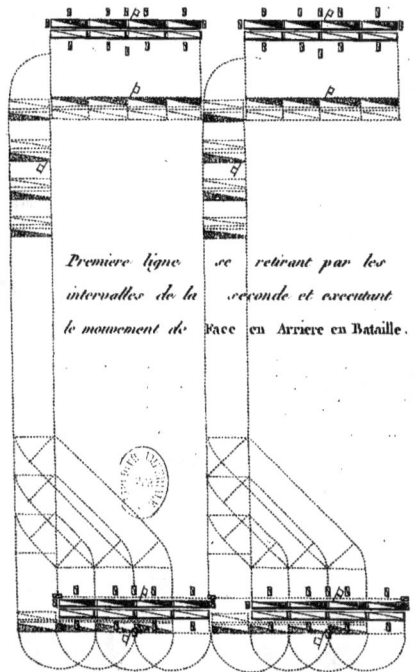

Premiere ligne ou Escadrons rompus
Par pelotons pour passer dans les
intervalles de la seconde ligne qui
s'est Portée en avant.

Premiere ligne se retirant par les
intervalles de la seconde et executant
le mouvement de Face en Arriere en Bataille.

Echelle de 48 Pas.

3 6 12 24 36 48 Pas.

Pl. 116.

Onzieme Manœuvre.

Passage de la Seconde Ligne en avant.

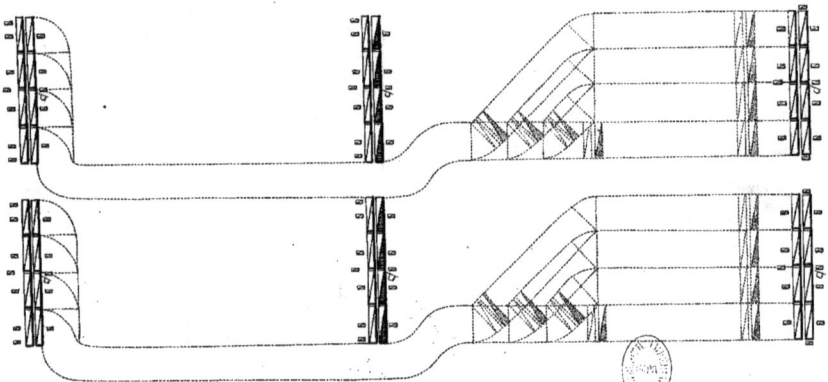

Echelle de 48 Pas.
3 6   12   24   36   48 Pas

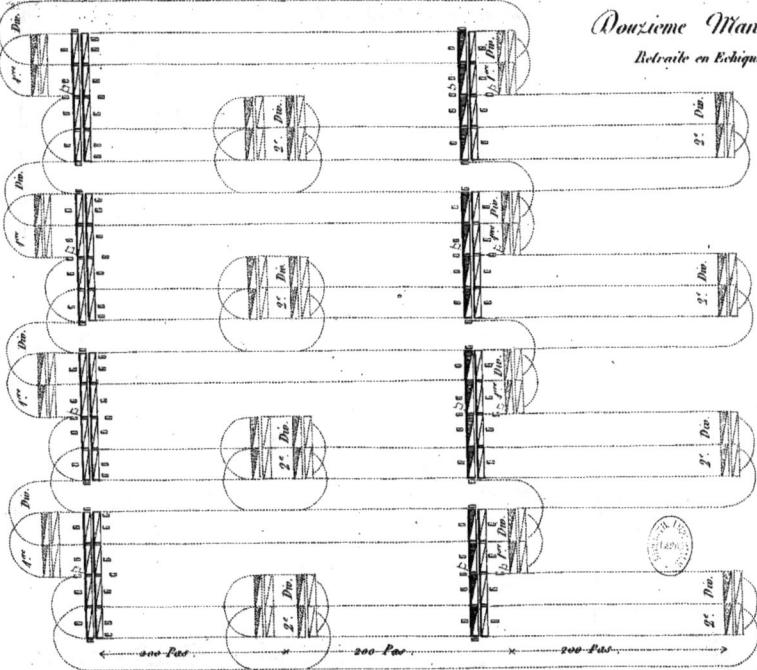

Pl. 117.

Douzieme Manœuvre.

Retraite en Echiquier.

Echelle de 48 Pas.

XXXI.

Pl. 118.

Treizieme Manœuvre.

Changement de front Oblique sur l'Aile droite.

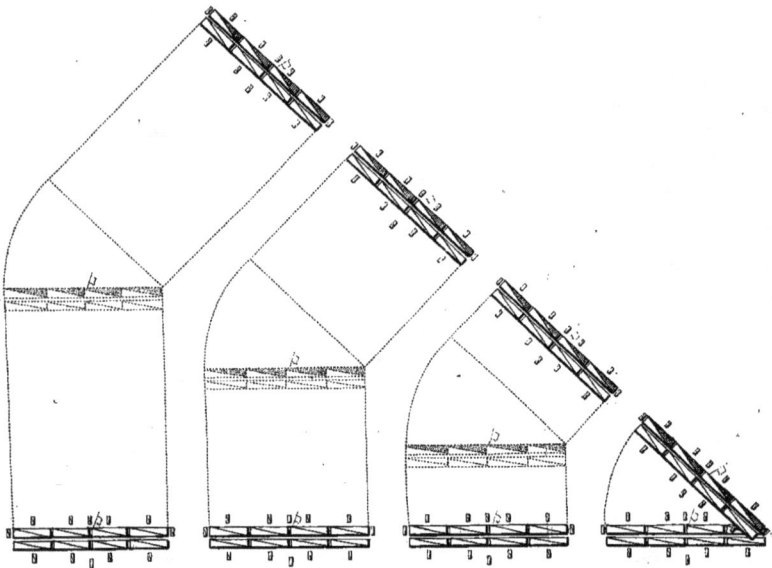

Echelle de 48 Pas.

36   12   24   36   48 Pas.

XXXII.

Pl. 119.

Treizieme Manœuvre.

Changement de front Perpendiculaire sur
l'aile droite.

Echelle de 48 Pas
36 12   24   36   48 Pas

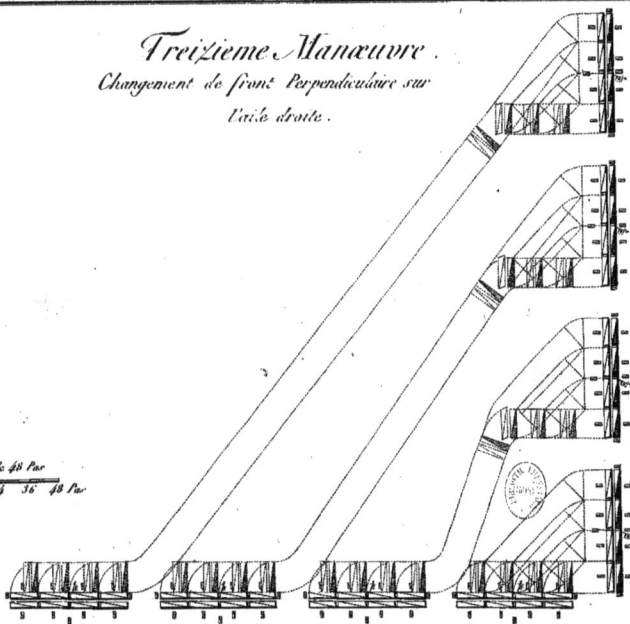

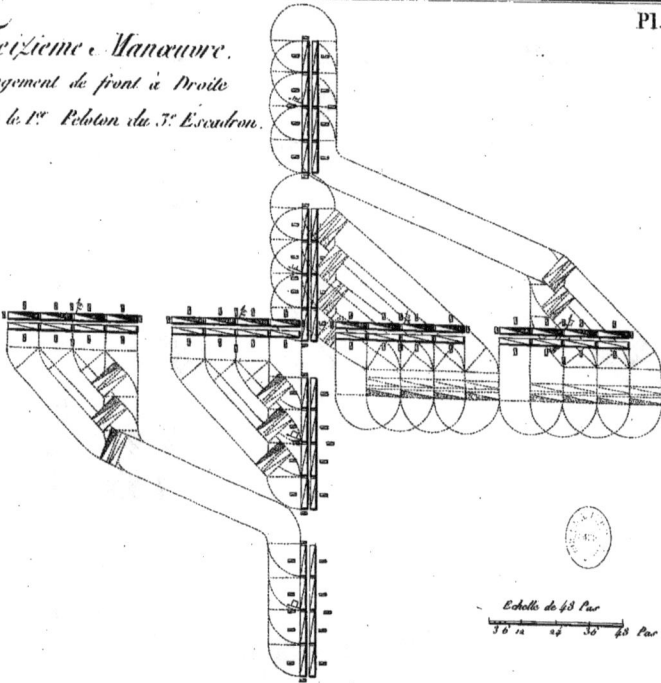

Treizieme Manœuvre.
Changement de front à Droite
Sur le 1er Peloton du 3e Escadron.

Pl. 120

Echelle de 43 Par

Pl.121.

Quatorzieme Manœuvre.

Passage du Défilé en avant étant en Bataille.

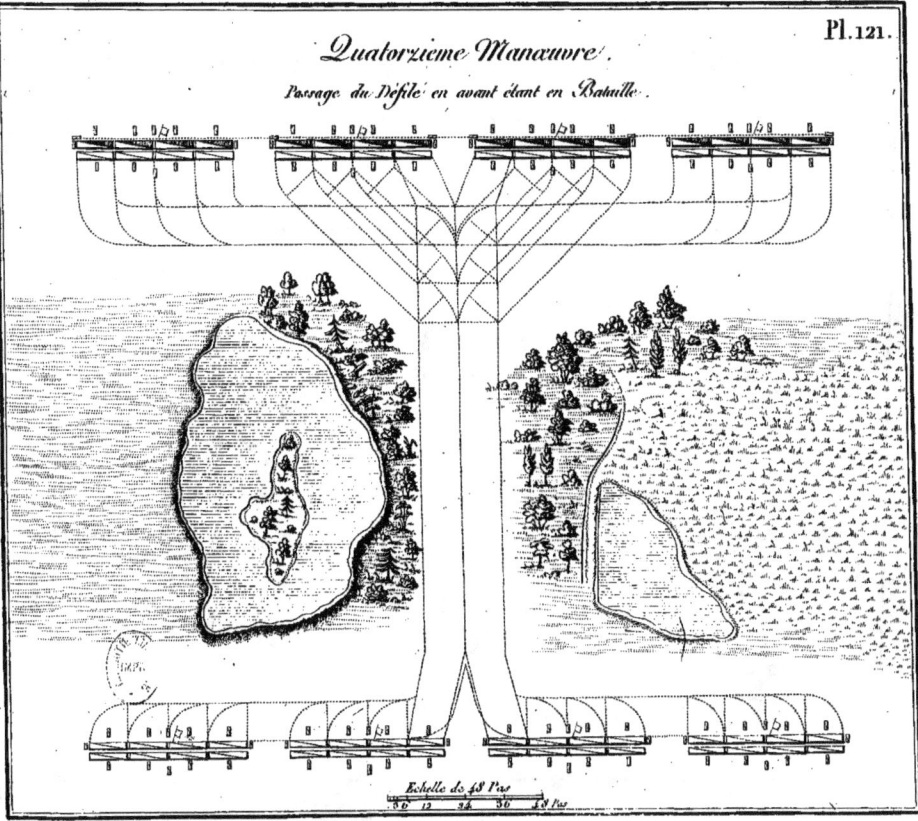

Echelle de 48 Pas.

Pl. 122

Quinzieme Manœuvre.

Passage du Défilé en arrière étant en Bataille.

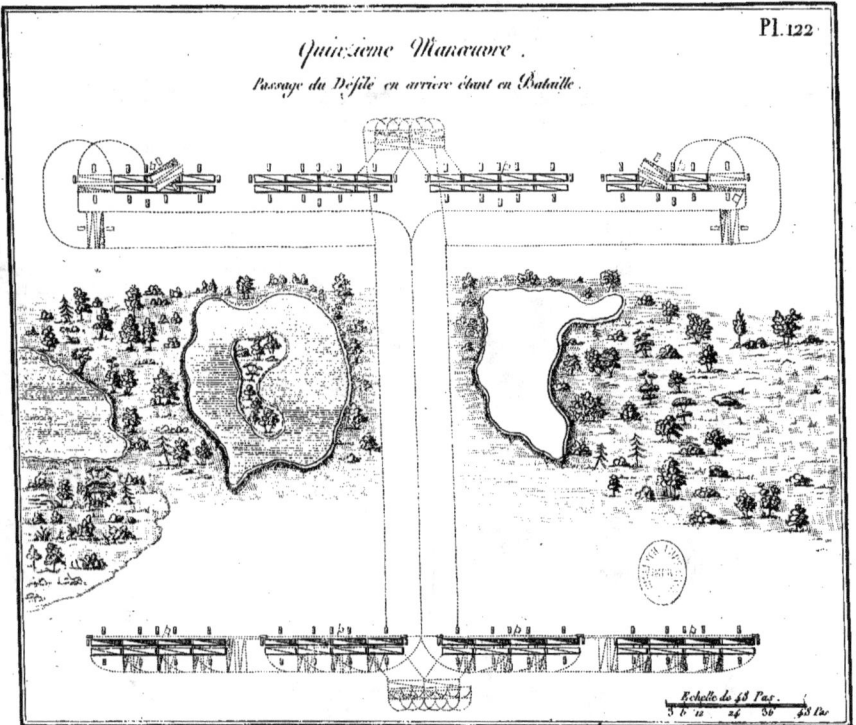

Echelle de 48 Pas.

3 6 12 24 36 48 Pas

XXXIV.

Pl. 123.

Seizieme Manœuvre.

Escadrons par la droite à distance de Division en avant par Echelons.

Echelle de 43 Par.

123 6 12   24   36   48 Par.

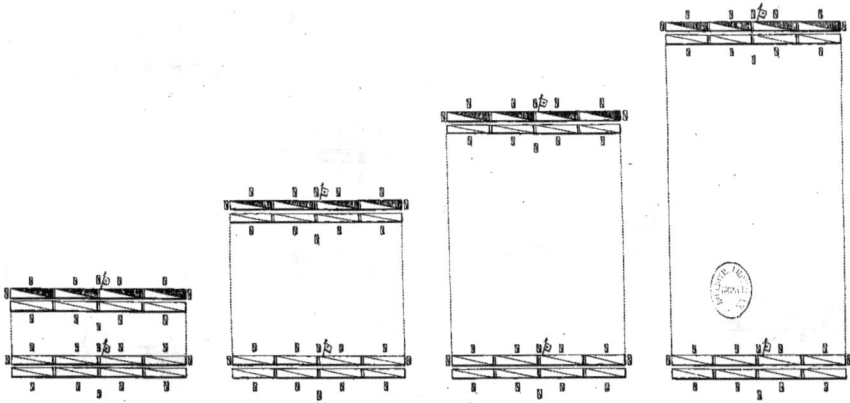

Pl. 124.

Seizieme Manœuvre.

Escadrons par la droite à distance de Division en retraite par Echelons.

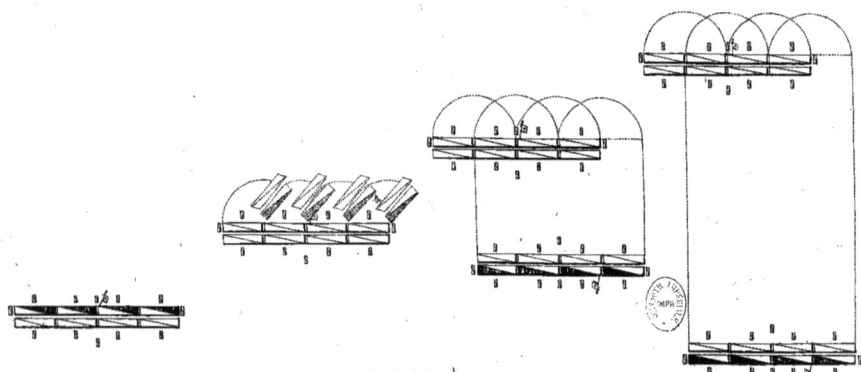

Echelle de 48 Pas.

3 6 10   24   36   48 Pas.

Pl. 125.

Seizieme Manœuvre.
Escadrons demi à gauche en Bataille.

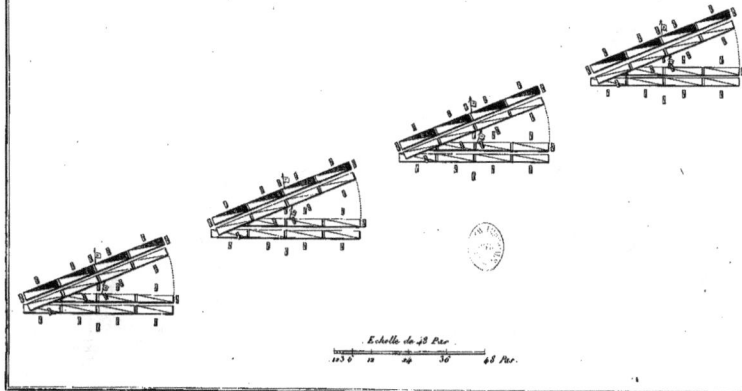

Echelle de 48 Par.

Echelle de 48 Par.
125 6   12   24   36   48 Par.

24.

Pl. 126.

Dix Septieme Manœuvre.
de la marche en Ligne.

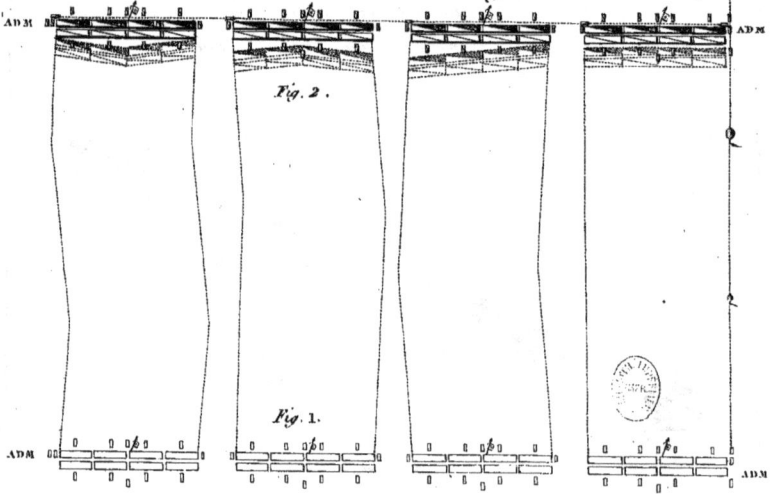

ADM · ADM

Fig. 2.

Fig. 1.

ADM · ADM

Echelle.
3 6   12   18   24 Pas.

Nᵒ 1ᵉ La Générale.

Nᵒ 2. Le Boutte Selle.

2

2ᵉ Couplet

3ᵉ Couplet

4ᵉ Appel

5ᵉ Appel

Nᵒ 3. Le Boutte Charge.

1ᵉʳ Couplet

2ᵉ Couplet

3ᵉ Couplet

Nᵒ 4. A Cheval.

1ᵉʳ Appel

1ᵉʳ Couplet

2ᵉ Couplet

3ᵉ Couplet

No 5. l'Assemblée.

No 6. La Marche.

No 7. La Charge.

4

3.ᵉ Couplet

4.ᵉ Couplet

5.ᵉ Couplet

Nᵒ 8 . Le Ralliement.

Presto

Nᵒ 9 . La Retraite .

1.ᵉʳ Appel *Allegro*

2.ᵉ Appel

3.ᵉ Appel

4.ᵉ Appel

1.ᵉʳ Couplet

2.ᵉ Couplet

3.ᵉ Couplet

No 10. Appel pour faire cesser les Feux.

No II. Pour faire Rentrer les Officiers à leur place de Bataille, après les Feux.

Coup de
Baguette.

No 12. Le Reveil.

No 13. Le Repas des Chevaux.

Nº 14 . Le Pansage des Chevaux.

Allegro

Nº 15 . l'Abreuvoir.

Allegretto

Nº 16 . Les Distributions.

Allegretto

Nº 17 . l'Instruction .

Presto

Nº 18 . Les Corvées.

Prestissimo

Nº 19. La Soupe.

Prestissimo

Nº 20. Le Ban.

1er Appel *Allegro*

2e Appel

Nº 21. La fermeture du Ban.

3e Appel *Allegro*

Nº 22. A l'Ordre.

Allegro

Nº 23. A l'Ordre pour les Fouriers.

Allegro

8

N? 24 . Pour la Réunion des Trompettes .

Presto

N? 25 . Rassemblement des Gardes.

Allegro

N? 26 . Appel des Hommes Consignés.

Allegro

N? 27 . Appel après la Retraite .

Allegro

N? 28 . Pour éteindre les Feux .

Allegro

FIN.

www.ingramcontent.com/pod-product-compliance
Lightning Source LLC
Chambersburg PA
CBHW061017280326
41935CB00009B/1007